データで見る太平洋戦争

「日本の失敗」の真実

髙橋昌紀

毎日新聞出版

前書き

　東京・新宿に生まれた。30数年ほど前はまだ、国鉄新宿駅の東口と西口を結んでいる地下道で、水兵帽をかぶった白装束の傷痍軍人を見かけたことをかすかに覚えている。松葉杖で体を支えながら、アコーディオンを弾きながら、通行人に施しを求めていた。
　その姿を戦争の真実と結びつけるには当時は幼すぎた。
　小・中学生時代のヒーローは、米国のテレビ番組「コンバット」でビッグ・モローが演じるサンダース軍曹。短機関銃を片手に軍用ジャケットをびしっと着込み、迷彩ヘルメットを斜めにかぶった無敵の分隊長だ。たまにはドイツ兵の銃弾に傷つけられはするが、致命傷にはならない。おなじみの「コンバットマーチ」は勝利のファンファーレとして鳴り響き、物語は大団円で終わる。
　だから、亡き祖父の軍隊手帳を見つけたときの失望は大きかった。はっきりと階級欄に「一等兵」の文字が記されていたからだ。直接に会ったことはなかった。
　五体満足のままに天寿を全うできたにも関わらず、残念だった。将官、将校でも、下士官でさえもなく、末端の一兵卒であったためだ。
　新聞記者となったのは奇しくも1995年で、入社試験の論文の課題は「戦後50年」。メディアはしばしば、10年、50年などと節目の年を設けたがる。戦争は記念すべきイベントなのか。51年になっても、52年になっても、報道しなければならないのではないか——。そうした趣旨で、拙い文章をつづった。
　結局、20年の月日が過ぎてしまった。2014年8月15日。毎日新聞のインターネットサイトに戦後70年企画「数字は証言する〜データで見る太平洋戦争〜」の第1回目を発表した。翌年の8月15日までに2カ月に1回のペースで、1年間に計7回を掲載した。
　企画を練っていた時期は折しも、特別攻撃隊を描いた日本映画「永遠の0」（13年12月公開）が好調な興行成績を上げていた。臆病者の汚名をこうむりつつ、家族のために生に執着した主人公のパイロット。最後の最後に敵艦への突入を選択させることで、戦争の悲惨さを観客に印象づける。
　そのことへの違和感が大きかった。下積みの時代を経て、東京勤務となった04年

以降には特に戦争体験者の取材に取り組むようになっていた。

茶道裏千家十五代家元・千玄室氏は俳優・西村晃氏とペアとなり、航空特攻の訓練を受けていたという。乗機は単発練習機「白菊」。固定脚のずんぐりとした機体で、カタログ上の最高速度は僅かに225キロしかなかったうえ、無理やりに250キロ爆弾をくくりつけられた。

作家・城山三郎氏にいたっては航空機どころか、与えられたのは潜水具。人間機雷とも呼ばれた「伏龍」だ。米軍の上陸が予想される海中に潜み、棒付き機雷を上陸用舟艇の船底にたたきつける。

颯爽とした飛行服、機能美にあふれた零式艦上戦闘機・零戦、そして、人気ポップスバンドによる叙情的に過ぎる主題歌。そうした演出は絵空事でしかない。

戦争での死は描き方によって、美しくもなり、醜くくもなる。

人は信じたいものを信じる。情緒的な議論はしばしば、感情的になりかねない。抽象的な「言葉」ではなく、具体的な「数字」こそが、真実を語るのではなかろうか。

連載において、「数字」を主要なアプローチの手段に選んだ理由はそこにある。

「戦史叢書」（防衛庁防衛研修所戦史室）を一次的な基本資料とした。膨大なデータが収められた日本の公的な戦史であり、真実性を担保するには最適だからだ。同様の理由で、大蔵省（現・財務省）、厚生労働省などの公的な統計データを積極的に活用することとした。

「言葉」を排除するつもりはもちろんなかった。政治家、軍人、文人などによる日記、回顧録などは当時の情勢をうかがい知るのに欠かせない。14年9月には宮内庁が「昭和天皇実録」を公表もした。先人の専門家諸氏の研究は当然、大いに参考とさせてもらった。一方で、インタビューを除き、戦争経験者による現時点での証言は意図的に取り上げなかった。人の記憶はえてして、その人自身をも裏切ることを取材を通し、学んでいた。

第1章「230万人はどのように戦死したのか？」は終戦記念日の8月15日に配信。戦死者を「英霊」と一括りにし、喪に服するだけでは戦争は理解できまい。英雄的

な死などあったとしても、少数派に過ぎないのだ。

　第2章「神風は吹いたのか？」は特攻隊初出撃の10月25日に配信した。零戦を操縦するベテランパイロットが一撃必中で、米空母を次々と轟沈させる。それは文字通りの神話でしかなかったことを明らかにしたい。

　第3章「真珠湾攻撃は米国を砕いたのか？」は日米開戦の12月8日に配信した。源義経、楠木正成らを好むごとく、日本人は戦争を物語にしてしまう。情など入り込まない冷徹な総力戦の姿を、経済データを中心に分析していく。

　第4章「欲しがらずに勝てたのか？」は2月26日に配信した。2・26事件を契機に軍国主義はさらに力を増していく。軍需生産が優先され、民間生活は圧迫された。銃後においても、民草は守られることはなかった。

　第5章「戦艦大和は不沈艦だったのか？」の配信は大和撃沈の4月7日。世界最大の巨大戦艦は特攻隊と並び、戦争が生んだ「神話」の一つだ。その検証は日本人の民族性、精神性の一端を解き明かすはずだ。

　第6章「沖縄は捨て石だったのか？」は沖縄戦の事実上の終結である6月23日に配信した。どのように糊塗しようと、沖縄県民の4人に1人を死なせた事実を否定することはできない。

　第7章「アジアは一つだったのか？」は70回目の敗戦記念日となる8月15日の配信。アジア・太平洋地域における死者は2,000万人以上とされる。この数字を前にして、大東亜共栄圏の「理想」を語ることはできるだろうか。

　そうした計7章を本書は再構成した。

　老兵は死なず、ただ、消え去るのみ。

　日本の敵手であったダグラス・マッカーサー元帥が残した名言は清く、潔い。しかし、それでいいのか。あの新宿の地下道にいた傷痍軍人を忘れてしまって、いいのだろうか。戦後70年、さらには72年を迎えた。無名兵士たちはもはや、直接に声を上げることが難しくなりつつある。

　ならばこそ、残された数字たちの証言を聞いて欲しい。

　　　　　　　　　　　　　　　　　　　　　　毎日新聞　　髙橋　昌紀

目次 データで見る太平洋戦争　日本の失敗の真実

前書き　3

第1章　230万人はどのように戦死したのか？

- 餓死、戦病死が約6割 兵站軽視のツケ　10
- 戦線拡大の果て、戦没者は広大な地域に　11
- 地域・戦闘別の戦没者数　12
- 深刻な戦力不足で民間人「根こそぎ動員」　20
- 戦陣訓…降伏が許されなかった日本兵　21
- 戦略爆撃、民間人に大きな犠牲　23
  - 半藤一利さんインタビュー　26

第2章　神風は吹いたのか？　－4000人が死んだ「特攻」

- 特攻の命中率 終戦直前は9機に1機の11％　32
- 命中率は次第に低下、沖縄戦では7.9％　33
- 機材も命も、すべてを失う「十死零生」の消耗戦　33
- 「体当たりなんて…日本は終わり」特攻1号の関大尉　35
- 劣勢で次々失った熟練パイロットたち　35
- 練習機や偵察機など低性能の機体も苦し紛れ投入　37
- 零式艦上戦闘機　42
- 正規空母、戦艦、巡洋艦は一隻も撃沈できず　43
- 衝撃力弱く「無意味さ」認識していた大本営　44
- 特攻を否定していた最前線の搭乗員　45
  - 保阪正康さんインタビュー　48

第3章　真珠湾攻撃は米国を砕いたのか？　－国力4分の1、日本の大ばくち

- 1939年、資源求め中国大陸進出を強化　54
- 「鉄は国家なり」日本は米の9分の1　55
- 致命的だった「戦争継続能力」の欠如　55
- 日本経済の実態 生糸、綿織物頼み　57
- 「輸入原料に依存する貧弱な日本」米分析　57
- 戦前の貿易相手は仮想敵国の米英蘭　58
- 予想できた開戦による戦略物資途絶　59
- 「英米との衝突は悲劇的」経済学者の忠告　60
- 米の通商断交で石油がストップ　61
- 1940年、日独伊同盟で米さらに硬化　63
- シーレーン破壊 底ついた備蓄石油　64
- 「総合戦力は10対1 勝てる見込みない」訴え無視　65
- 4カ月前 模擬内閣が分析「日米開戦は不可能」　67
- 底力見せる米国 追いつめられる日本　68
- 「目を覚ました巨大なボイラー」　69
- チャーチル、真珠湾に興奮　71
  - 五百旗頭真さんインタビュー　72

第4章　欲しがらずに勝てたのか？
―国民生活圧迫、子供の平均身長が縮んだ

14歳男子の身長マイナス6センチ	78
平均体重もほとんどの年齢層で減少	79
戦争末期の食糧	81
食事抜きの児童、空腹を恐れ体操、遠足を欠席	82
コメ輸入国だった戦前日本　戦争激化で供給量先細り	83
シーレーン攻撃で南方のコメ輸送計画破綻	84
国内の農林水産物　生産効率の低下止まらず	84
モノ不足は全分野に　高騰する物価	85
目減りする実質賃金　増税の追い打ち	87
その日の稼ぎを全額貯金する「一日戦死の日」	88
経済統制をはかる政府　はびこる闇取引	89
足りない配給　出勤せず仕事しない人が増加	90
「国賊」経済事件が戦時中に激増	91
ものはなくとも、大和魂でのりきれ！	92
徴兵が拡大　働き手を失った工場、農村	95
女子勤労挺身隊　44年には強制加入に	96
学徒動員の主力は16歳以下の子供たち	96
白米はぜいたく品、日本中がイモ畑に	96
民家のごみ箱を調べた東条英機陸軍大将	98
ドナルド・キーンさんインタビュー	100

第5章　戦艦大和は不沈艦だったのか？
―沖縄海上特攻、最後の戦果は撃墜3機

米軍編隊、効果的に大和を挟撃	106
情報戦で既に敗れていた日本艦隊	107
大和側死者3,721人、米軍は12人	107
鈴木貫太郎"終戦内閣"組閣　戦局逼迫に「一同啞然」	108
1933年、海軍軍縮派を一掃	109
大和1隻の建造費で何が買えたのか	109
「大和は昭和3大バカ査定の一つ」	110
世界最大の主砲口径46センチにこだわり	111
係留しているだけで燃料大食らい	112
すでに終わっていた戦艦の時代	113
日本海軍決戦の主力は戦艦	115
末期には、大和の廃艦を検討していたが…	122
目的地到達前に壊滅必至もメンツにこだわり	123
大和の真実「片道燃料」はうそだった	125
「バカ野郎」激怒した大井参謀	126
46センチ主砲が火を噴いたのはたったの1回	126
山折哲雄さんインタビュー	128

第6章　沖縄は「捨て石」だったのか？
―本土決戦準備、近衛兵は芋を植えていた

本土決戦の準備の貧弱な実態	134
銃ににこめる弾がない、軍刀・銃剣さえ定数に達せず	135
市電のレールをはずして銃剣に　水筒は竹製	135
散らばる兵力、崩壊する皇軍	137
泥縄的な作戦指導、失われた沖縄の防衛戦力	137
制海・制空権を喪失、玉砕するしか道がなく	138
米に封鎖される日本本土	139
日本海にも米潜水艦が跋扈、17日間で27隻撃沈	140
米の高性能装備、化学線ではお手上げの日本	141
迫る米軍、1億総特攻へ	142
ナチス・ドイツは本土決戦の末に降伏	144
九州と関東に上陸、米国の「ダウンフォール作戦」	145
大本営「避難民を轢っ殺して迎撃せよ」	145
「竹やり、弓…」装備に絶句した鈴木貫太郎内閣	147
沖縄戦終結　県民の4人に1人が死亡	147
「鉄の暴風」にさらされた「鉄血勤皇隊」「ひめゆり学徒隊」	149
「軍隊は結局、住民を踏みにじる」大田元知事の告発	150
「沖縄戦の図」書き込まれた言葉	151
金子兜太さんインタビュー	154

第7章　アジアは一つだったのか？
―帝国崩壊、死者は2000万人を超えた

大東亜会議は「理想」を宣言…	160
大日本帝国のための傀儡政権	161
「真の友情」東条首相が語った慈愛	162
占領地を覆った破滅的なインフレ	162
アジアの民衆に残された「紙くず」	164
食糧危機を引き起こした日本軍政	166
輸送網の寸断で、需給のバランス崩壊	167
死亡数が出生数を上回ったインドネシア	168
「聖戦」のための労働力　肉体的に収奪	169
「戦場にかける橋」捕虜も犠牲に	169
人種、軍民の違いに関係なく支配下にある人々を虐待	170
アジアの一番長い日	171
戦犯裁判は征服者たちを裁いたが…	172
アジアを食い荒らした「蝗軍」	173
蛮行に拍車をかけた高齢の後備役ら	175
暴力的性向を強めた「占領軍」の構造的欠陥	175
心も病んだ兵士たち、急増する疾患者	177
益川敏英さんインタビュー	178

付録　ビジュアル年表1941〜1945	184
参考文献	202
後書き	205

※特攻は戦死を前提として攻撃する戦術で、航空機以外にも高速艇や魚雷を使った作戦も実行されました。本書では主に航空機を使った作戦に絞って記述しています。

第1章

230万人はどのように戦死したのか？

ガダルカナル・戦死した日本兵のわきに飯ごう

　日中戦争から太平洋戦争で亡くなった軍人・軍属の数について、日本政府は230万人（1937〜45年）という数字を公式に採用してきた。だが、彼らがどこで、どのように亡くなったかについては不明確な点が多く、「6割が餓死した」との学説もある。神風特別攻撃隊を題材にした小説、映画が話題になっている近年。約4,000人とされる航空特攻による戦死者以外の、229万人余はどのような最期を遂げたのか。そんな疑問から、データをひもといてみた。

餓死、戦病死が約6割　兵站軽視のツケ
歴史学者・藤原彰氏の独自分析

　軍人・軍属の戦没者は、直接の戦闘で亡くなった戦死者と、従軍中に病気などで命を落とす戦病死に大きく分けられる。総務省、厚生労働省などによると、戦没者230万人を戦死、戦病死などの死因別に分類した公的な記録は存在していないという。終戦前後の混乱時に多くの資料が失われたことや、そもそも負け戦における記録の難しさなどが影響している。

　一方、研究者の間では、日中戦争から太平洋戦争における日本軍の特徴に餓死者の異常な多さが指摘されてきた。歴史学者の故・藤原彰氏（一橋大名誉教授）は自著「餓死した英霊たち」（青木書店）で、厚生省（現厚生労働省）援護局作成の「地域別兵員及び死没者概数表」（1964年）などを基礎データに独自の分析を試みた。

　例えば、44年3月にインド北東部の都市インパールの攻略を目標に開始した「インパール作戦」について、参戦したある中隊長が手記に「中隊310人のうち、戦死40人、戦病死96人、患者42人」と記録していたことなどに着目。同作戦が展開されたビルマ・インド方面の戦没者約18万5,000人のうち、約78％に当たる約14万5,000人を戦病死者ではないかと推定した。

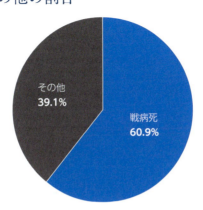

出典:「餓死した英霊たち」藤原彰

　こうした地域別の数値を積み上げて、全戦没者の60％強、140万人前後が戦病死者だったと計算。さらに「そのほとんどが餓死者ということになる」と結論づけた。陸軍参謀本部、海軍軍令部をはじめとする日本軍の指導層が、兵站を軽視したツケを、末端の兵士たちが支払わされたといえる。

　同著の「むすび」で、藤原氏は餓死がサンゴ礁の孤島や熱帯性の密林だけでなく、多くの人が暮らすフィリピン、ビルマ、中国大陸などでも起きていることを強調。「輸送補給、休養や衛生といった軍隊生存の必要条件までもが作戦優先主義のために軽視または無視された」と、作戦参謀らのエリート軍人を批判している。

戦線拡大の果て、戦没者は広大な地域に

　当時の日本にとって、戦争の継続に必要な石油、鉄鉱石、ボーキサイト、ゴムなどの戦略物資を押さえるため、南方の資源地帯の確保は死活問題だった。南方資源による自存自衛体制を確立したうえで、防備を固め、反攻に出てくるであろう米軍を迎え撃つことが、当初の戦略だった。

　しかし、真珠湾やマレー半島などにおける緒戦の戦果が、目をくらませた。日本

戦病死した兵士　地域別の割合

満州・樺太・千島 20%
中国 50%
ビルマほか 78%
台湾・仏領インドシナ・タイ・ボルネオ・スマトラほか 50%
フィリピン 80%
中部太平洋諸島 50%
ビスマルク諸島 90%
東部ニューギニア 90%
ソロモン諸島 75%

出典：「餓死した英霊たち」藤原彰

本土とハワイの中間地点にあるミッドウェー島、オーストラリアに隣接するニューギニア島の占領を目指すなど、日本軍は国力の限界を超えた作戦を多方面で展開。特に地上戦では補給が途絶し、損害を拡大させる主因となった。

厚生省（現厚生労働省）援護局は1964年に国会からの要求を受け、「地域別兵員及び死没者概数表」を発表。日中戦争が始まる37年から太平洋戦争が終わる45年までの軍人や軍属の戦没者（当時の発表では総数が212万1,000人）について、地域ごとに内訳を示した。P13の図の通り、南洋諸島、東南アジア、中国大陸などにわたる広大な地域で、膨大な数の日本の軍人や軍属が命を失ったことが分かる。

先に紹介した藤原氏の説を裏付けるように、戦病死者が圧倒的に多いことは一目瞭然だ。

地域・戦闘別の戦没者数

▶中国——戦没455,700人

1937年7月の盧溝橋事件で、日中戦争が始まった。翌8月には第2次上海事変が起こり、戦いはエスカレートしていく。38年1月に日本の近衛文麿首相は「国民政府

出典:旧厚生省援護局

を対手とせず」との声明を出し、和平への道を事実上閉ざしてしまった。日本軍は北京、南京、広東、武漢などの主要都市を攻略するが、日本軍の支配は「点と線」にしかすぎなかった。重慶に後退した国民政府は毛沢東の共産党と協力(国共合作)し、徹底抗戦。戦線は泥沼化した。撤兵を求めていた米国との外交交渉が決裂したことで、日本は対米戦にも踏み切ることになる。

主な戦闘

1937年7月	盧溝橋事件
1937年8月	第2次上海事変
1944年4月〜	大陸打通作戦

▶仏領インドシナ——戦没12,400人

　ドイツの電撃戦で、1940年6月にフランスが降伏。これを見た日本は、フランスの植民地、インドシナの北部地域に陸軍を送り込んだ(北部仏印進駐)。さらに41年には南部地域に進出(南部仏印進駐)。親独のフランス・ビシー政権と協定を結び、中国と東南アジアへの足がかりとした。しかし、事実上のインドシナ侵略は米

英の反発を招き、太平洋戦争の一因となる。

▶マレー半島・シンガポール──戦没11,400人

　イギリスの東洋支配の象徴であり、太平洋とインド洋を隔てるシンガポールは「東洋のジブラルタル」と呼ばれた。この戦略的な重要拠点を確保するため、日本軍は開戦当日にマレー半島に上陸。電撃的な占領後に「昭南島」と改称した。一方で、連合国の主戦力である米軍の反攻ルートとは離れていたため、この地域は終戦まで日本の占領下に置かれた。

主な戦闘
1942年2月　　　　シンガポールの戦い

▶タイ──戦没7,000人

　英国領のビルマとマレー半島に侵攻するため、日本軍はタイ領内を通過する必要があった。タイは当時、東南アジア唯一の独立国。最終的に日本軍の要求は認められ、両国の間には攻守同盟が結ばれる。日本軍が駐留したが、タイは独立国としての地位を保った。タイは米英にも宣戦布告し、大東亜会議に参加する。

▶スマトラ・ジャワ・ボルネオほか──戦没90,600人

　連合国による戦略物資の全面禁輸が、日本が開戦を決意した理由の一つだった。南方の資源地帯を確保せずして、戦争を継続することは不可能。マレー半島、フィリピンなどに続き、オランダ領東インド（蘭印）地域の占領に成功した。しかし、戦争末期には米軍潜水艦などにより、日本本土へのシーレーン（海上輸送路）は途絶。南方資源の輸送は事実上不可能になり、日本の戦争経済は破綻する。

▶フィリピン──戦没498,600人

　陸軍は満州駐留の部隊などを南方に転用する。しかし、制空・制海権を失っていたため、多数の輸送船が撃沈された。「マレーの虎」と呼ばれた山下奉文将軍が指揮したが、前線部隊は火器・弾薬、食糧などが不足。生存困難なジャングル地帯へと追い込まれていった。日本の強圧的な占領政策に反発し、他地域と同様に現地住民もゲリラ化した。参加兵力約63万人のうち、7割以上が戦死、戦病死する。

主な戦闘
1941〜42年　　フィリピンの戦い
1944〜45年　　（1944年のレイテ沖海戦など）

▶ニューギニア——戦没127,600人

　日本軍は1942年3月に東部ニューギニアに上陸し、最大都市ポートモレスビーの占領を目指した。連合国にとってもオーストラリア防衛の最後の拠点であり、将来のフィリピン奪還のためにも必要な重要拠点であった。激戦は終戦まで続いたが、ここでも日本軍は制空・制海権を失った。補給の途絶えたジャングル、山岳地帯にあって、兵士たちは飢餓に苦しんだ。

主な戦闘
1942年3月〜　　ポートモレスビー作戦

▶ガダルカナル島の戦い——戦没20,800人

（1942年8月〜43年2月＝ソロモン諸島ガダルカナル島）
　日本軍は制空権を失い、陸軍部隊や火器・糧食などを積載した輸送船が次々に撃沈された。苦し紛れに駆逐艦を暗夜に送り込む通称「ネズミ輸送」を採用したが、成果は微々たるものだった。補給が途絶えた前線部隊は継戦能力を失い、食糧の確保さえままならなくなる。戦傷ではなく、戦病による死者が続出。兵士たちはガダルカナルを「餓島」と呼ぶようになった。戦没者約2万800人のうち、戦病死（栄養失調症、熱帯性マラリア、下痢、脚気など）は75％近くを占める。

▶樺太・千島——戦没11,400人

　日本軍がミッドウェー海戦と同時期に占領したアリューシャン列島は米国領であり、その奪還には米国政府のメンツがかかっていた。アッツ島の日本軍守備隊約2700人に対し、米陸軍は約1万1000人を投入。補給、救援の望みのない日本軍は全滅する。終戦直前には樺太・千島列島にソ連軍が上陸。8月15日のポツダム宣言受諾後も戦闘は続いた。

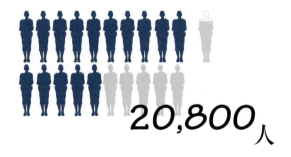

ガダルカナル島の戦いの死者数（死因別内訳）

20,800人

戦病死　戦死

出典：「戦史叢書」など

主な戦闘
1943年5月　　　　アッツ島の戦い

▶**中部太平洋諸島──247,200人**
　米軍は「飛び石作戦」を展開し、島伝いに反攻を開始する。日本軍はギルバート、マーシャル、マリアナ、パラオの各諸島に守備隊を配置。しかし、圧倒的物量の米軍の前にサイパン島（守備隊約4万7000人）、グアム島（同約2万2000人）のように玉砕が相次いだ。あるいは帝国海軍の要衝だったトラック島のように素通りされた部隊は、飢餓に苦しむことになった。

主な戦闘
1943年11月〜　　　ギルバート・マーシャル諸島の戦い
1944年6月〜　　　サイパンの戦い
1944年7月〜　　　グアムの戦い

第1章 230万人はどのように戦死したのか？

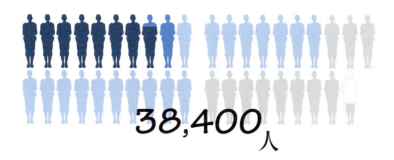

※第15軍直轄部隊（約36,000人）は損害不明のため除く。

出典：「戦史叢書」など

▶インパール作戦──戦没38,400人

（1944年3〜7月＝インド・インパール）

　ビルマのジャングル地帯と急峻な山岳地帯が、攻勢をかけた日本軍の前に立ちふさがった。道路を泥沼に変える雨期の大雨がさらに加わり、部隊移動と物資輸送は困難を極めた。第15軍の牟田口廉也司令官は荷駄用の牛を食糧にも転用する「ジンギスカン作戦」を発案したが、成功するはずもなかった。対する英軍は制空権を握り、空中からの補給を受けることもできた。日本軍は投下された英軍物資（通称「チャーチル給与」）を拾い、飢えをしのぐ有り様だった。主力3個師団の兵力は2割ほどに激減し、戦闘力を喪失した。

▶台湾──戦没39,100人

　日本海軍は虎の子の航空隊を投入し、来襲した米機動部隊に反撃した。この1944年10月の台湾沖航空戦で、海軍は決戦兵力として温存していた300機余りを喪失。最後の艦隊決戦を挑んだ約10日後のレイテ沖海戦では、有効な航空攻撃力を欠くことになった。

17

主な戦闘
1944年10月　　　台湾沖航空戦

▶小笠原諸島——戦没15,200人

　硫黄島はマリアナ諸島と日本列島のほぼ中間地点にある。米軍はB29爆撃機の緊急着陸用、護衛戦闘機の作戦拠点として、占領をもくろんだ。日本軍司令官の栗林忠道中将は水際防御は艦砲射撃にさらされるとして、洞窟陣地に籠もり内陸部での持久戦を展開。約1カ月の抵抗の末、栗林中将を含めた守備隊はほぼ全滅した。

主な戦闘
1945年2月～　　　硫黄島の戦い

▶沖縄諸島——戦没89,400人

　牛島満中将の率いる日本軍守備隊は硫黄島と同様、持久戦を企図。戦力不足を補うために現地召集の「防衛隊」が動員され、旧制中学の生徒による「鉄血勤皇隊」、女子生徒を看護任務につける「ひめゆり学徒隊」なども組織された。九州の航空基地からは航空特攻、第2艦隊（戦艦大和、軽巡洋艦1、駆逐艦8）による水上特攻も実施された。一方で、上陸した米軍は、のちに「鉄の暴風」と呼ばれる圧倒的な砲火力の下、日本軍を追い詰めた。

主な戦闘
1945年3月～　　　沖縄戦

▶日本本土——戦没103,900人

　陸軍は主要都市に師団・連隊などの駐屯地を、海軍は神奈川県・横須賀、広島県・呉などに鎮守府などと呼ばれる拠点を設けていた。これらは航空基地と共に連合国軍の攻撃の対象となった。原子爆弾が投下された広島は日清戦争時に大本営が置かれるなど、軍関連施設が集中した「軍都」として知られていた。太平洋戦争中は広島城内に陸軍の中国軍管区司令部が置かれていたが、原爆投下で全滅した。

第1章 230万人はどのように戦死したのか？

主な戦闘
1945年3月10日　　東京大空襲
1945年8月6日　　　広島に原子爆弾投下
1945年8月9日　　　長崎に原子爆弾投下

▶シベリア──戦没52,700人

　終戦間際に参戦したソ連軍の捕虜となった日本軍兵士らは、シベリアやモンゴルなどの強制収容所に移送された。その数は約60万人と言われ、抑留期間は最長11年に及んだ。極寒の中、不十分な食糧配給と衛生状態のもとで、過酷な労働に使役された。1993年10月に来日したロシアのエリツィン大統領（当時）は公式に謝罪。「この非人間的行為に対し、謝罪の意を表明する」などと語った。

主な戦闘
1945年8月9日　　　ソ連参戦

▶満州──戦没46,700人

　南方戦線への兵力抽出で、"無敵"と言われた関東軍の戦力は低下していた。一方、ソ連は1945年4月、日ソ中立条約の延長は求めないことを日本に通告。翌月のドイツ降伏以降はシベリア鉄道を最大限活用し、欧州にいた戦車師団などで極東戦力を強化した。8月9日に電撃的な侵攻を開始した後は旧満州国の首都だった新京（現・長春）も陥落させ、日本が夢見た「五族協和」「王道楽土」は崩壊した。

▶朝鮮──戦没26,500人

　1945年8月9日に極東ソ連軍が侵攻を開始し、現在の北朝鮮の日本海側にも部隊を上陸させた。防衛する日本軍との間で、散発的な戦闘が発生した。

深刻な戦力不足で民間人「根こそぎ動員」

　連合国の素早い反攻で制空権と制海権を奪われた日本軍は、多大な出血を強いられ、敗走時にはさらに損害を拡大させた。太平洋全域に広がる大小の島々などに逐次投入された兵士たちにとって、補給が途切れた中での死守命令は全滅を強要されたに等しいものだった。政府・軍部は、国民の根こそぎ動員で戦争継続のための戦力を補充しようとする。

　1944年には、本土防衛や戦争継続のため必要不可欠な領土とされた「絶対国防圏」が破られ、台湾、あるいは沖縄への米軍侵攻は時間の問題となっていた。米軍は主要な拠点以外は素通りし、島伝いに日本本土へと迫る「飛び石作戦」を展開。無視されたトラック島などに駐留した多くの日本軍守備隊は遊兵となり、餓死の危機に見舞われた。陸軍参謀本部は旧満州・中国の部隊を南方戦線へ転用し続けたが、輸送船が撃沈破され、海没する部隊が相次いだ。

　こうして戦力不足は深刻化する。そんな状況がよく分かるのが「陸軍年別徴兵数（『現役兵』と『召集兵』の人数の推移）」のデータだ。「現役兵」は主に、徴兵検査で合格し入営した兵の数。徴兵検査時には「現役兵」には必要ないとされた人々が、その後「赤紙」で召集された場合は「召集兵」として扱われた。また、「現役兵」として兵役を終え、2度目に召集された場合も「召集兵」となった。そうした召集兵は、太平洋戦争が開戦した41年に前年の約2.6倍に急増し100万人を突破。翌

新聞に掲載された"戦陣訓"

出典：1941年1月8日　東京日日新聞

年には現役兵を上回り、陸軍兵力の過半を占めるようになった。文系学生らへの徴兵猶予も43年に解除され、翌年には現役兵も約1.5倍に急増している。

　こうした「根こそぎ動員」は当然、国力全般に影響を与えた。政府は熟練工に代わり、女性や子供らを工場に勤労動員した。しかし、生産能力や品質の低下は避けられず、結局は前線部隊の戦力の低下にもつながった。召集兵自身も多くは体力的なピークを過ぎており、戦闘力を期待するのは難しかった。

戦陣訓…降伏が許されなかった日本兵

　軍人・軍属戦没者が230万人もの膨大な数に達した一因には、日本軍では上官が部下たちに対し、降伏を認めなかったことが挙げられる。
　国際的には1929年のジュネーブ条約で、捕虜の権利は保障されていた。しかし、

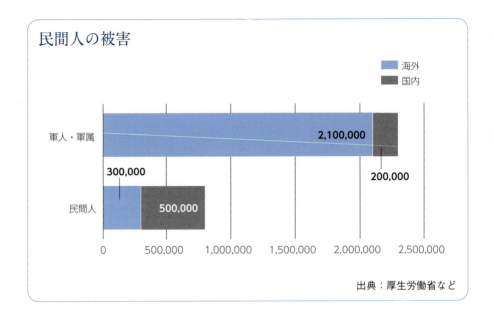

　「非国民」とされることを恐れた皇軍兵士たちは絶望的な戦況下、最後には玉砕という名の全滅を選択したケースが多かった。
　「生きて虜囚の辱（はずかしめ）を受けず、死して罪過の汚名を残すこと勿（なか）れ」。その一節で有名な「戦陣訓」が、全軍に示されたのは41年1月8日だった。兵士を奮起させ、戦場に向かわせることが目的だったと解釈することもできるが、兵士個人にとっては捕虜となることは恥辱とされ、残された家族が迫害される恐れがあったという。
　公式には初の「玉砕」であるアッツ島の戦いで、日本軍守備隊は43年5月29日に最後の電報を打電した。「敵ニ最後ノ鉄槌（てっつい）」を下すとした上で、「生キテ捕虜ノ辱シメヲ受ケサル様覚悟セシメタリ」と明記。野戦病院の傷病者は自ら、または軍医による「処理」をし、軍属には武器を取らせ、攻撃隊の後方を前進させるとした。
　41年1月、この戦陣訓を示達したのは当時の陸軍大臣、東条英機だった。東条は開戦直前には内閣首班となり、戦後の極東国際軍事裁判（東京裁判）ではA級戦犯に指名。占領軍が逮捕に訪れた際に自殺を図ったが、失敗している。
　陸軍の特攻作戦を指揮した冨永恭次もまた、戦争を生き抜いた。「昭和の名将と愚将」（半藤一利・保阪正康著）によると、冨永は出撃前の訓示で「諸君はすでに神である。君だけを行かせはしない。最後の一戦で本官も特攻する」と豪語して

第1章 230万人はどのように戦死したのか？

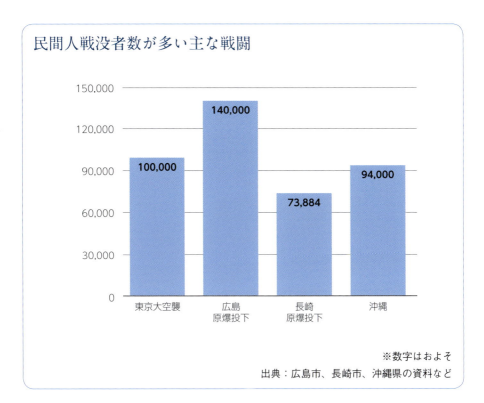

戦略爆撃、民間人に大きな犠牲

　第一次世界大戦時に本格投入された航空機の技術的進歩で、戦闘地域と後方地域の区別は曖昧になった。第二次世界大戦前の1937年に、スペイン内戦で反乱軍を支援したナチス・ドイツの義勇部隊「コンドル軍団」がバスク地方の小都市ゲルニカを空爆したことは、ピカソの絵画「ゲルニカ」の題材になったことで有名。都市を破壊し、敵国民の士気喪失を狙った「戦略爆撃」がエスカレートしていく。
　第二次世界大戦では戦略爆撃の標的として、日本軍が重慶（中国）、独軍がロンドン、米英軍がドレスデン（ドイツ）などの都市を破壊。戦略用の兵器も4発重爆

出典：名古屋市役所（2014年7月時点）、「人口動態統計」「防衛白書」
（平成25年版、2013年3月時点）

撃機、地対地ミサイルなどが開発され、最後は究極の大量破壊兵器・原子爆弾にたどり着くことになる。

日本本土では米軍の空襲で、東京、広島、長崎など主な都市が焦土と化した。厚生労働省などによると、日中戦争を含めた太平洋戦争での民間人の戦没者数は約80万人。うち国内で亡くなった約50万人の半数以上が空襲による犠牲者とみられる。

一方、地上戦が繰り広げられた南洋諸島、旧満州、沖縄などでは、連合国軍の攻撃、補給線途絶による飢餓や病気、敗走のなかでの集団自決などで、民間人にも数多くの犠牲者が出た。

半藤一利さんインタビュー

戦没者230万人
兵士を「駒」扱い、愚劣な軍事指導者たち

　「戦没者230万人」という数字を、私たちはどのように読み解けばいいのだろうか。昭和史の著作が多い、作家の半藤一利さんに聞いた。

半藤一利（はんどう・かずとし）

1930年、東京生まれ。東京大学文学部卒。「文藝春秋」編集長などを経て作家に。「昭和史」（平凡社）で毎日出版文化賞特別賞。近著は「日露戦争史」1〜3巻（平凡社）

　戦前の日本は近代国家の体をなしていなかった。「戦没者230万人」という数字はそのことを端的に示していると思います。国民を戦地に送り込むならば、国家は責任を負わなければなりません。いつ、どこで、どのように戦没したのか。確実に把握していなければならない。ところが、「戦没者230万人」という大枠のみが残り、具体的なデータは部分的にしか残っていません。厚生省（当時）は戦後、戦域別で戦没者数を算出しましたが、そこまで。死因までは分類できていない。230万人というざっくりとした数字も、私は過小評価ではないかと疑ってい

ますよ。

　詳細が分からないということは道義的にはもちろん、軍事的にも非常に問題があります。前線に送り込んだ部隊のうち、戦闘に耐えうる兵士は何人なのか。あるいは戦傷、戦病者は何人いるのか。正確な戦力を測れずして、作戦を立てることはできません。そもそも、前線に送らなければならない武器弾薬、糧食、医薬品などを算出するためにも、絶対に必要です。それができていなかったのではないか。

　兵站（へいたん）を軽視した、あるいは無視したのが日本軍でした。「輜重（しちょう）が兵隊ならばチョウチョ、トンボも鳥のうち」というざれ言があります。輜重とは兵站部門のことです。そもそも、陸軍参謀本部や海軍軍令部のエリート将校にとって、兵卒は所詮、1銭5厘（当時のはがき代）で集められる存在。作戦時には3日間分の食糧であるコメ6合など25キロの荷物を背負わせ、前線へとおっぽり出した。食糧がなくなれば、現地調達しろと。降伏はありえないのだから、負け戦になれば玉砕しかありえません。敗残兵の消息など気にもとめなかった。

ガダルカナル島の北側の平地に放置された零戦

これに比べ、米国の手厚さは語るまでもないでしょう。あるエピソードがあります。ブッシュ元大統領（第41代ジョージ・H・W・ブッシュ、第43代大統領の父）は戦時中に小笠原諸島の父島沖で撃墜されました。元大統領は救助されましたが、この時に捕虜になった同僚がいました。戦後、米軍の調査団が父島を訪れ、彼が埋葬された墓地を掘り返したんです。すると、遺骨の首は切断されており、日本軍に処刑されたことが明らかになった。一兵士に対するまで、その死をないがしろにしない。国家としての責任を果たしているんですね。

　日本軍は自己の実力を顧みず、攻勢の限界線をはるかに越えました。餓死者が続出するのは当然のことです。私は戦没者のうちの7割が、広義での餓死だと思っています。このような軍隊は古今東西にありません。人間をまるで、将棋の駒のように扱っている。

　海上を移動中に乗船が沈められ、死亡した陸軍将兵は18万人にも上ると見積もっています。これも補給軽視、つまりは人命軽視の表れです。開明的とされている海軍ですが、陸軍とそんなに違いはありません。レイテ沖海戦で、小沢艦隊はおとりになりました。基幹の空母4隻に搭載した航空機は定数をはるかに下回る

特攻機を見送る将軍たち。右は大西瀧治郎中将

100機余りしかなかったのに、整備員は必要もないのに定数を乗せた。帳簿上の員数合わせだけを気にする官僚主義としかいいようがない。

　軍の指導者たちは無責任と愚劣さで、兵士たちを死に追いやりました。特攻作戦も同様です。特攻隊員たちの純粋な気持ちを利用した。「日本的美学」などと言われるが、とんでもない。立派な作戦であるような顔をして、机の上で「今日は何機出撃」などと記していた参謀らを許すべからずです。

　集団的自衛権の行使について、容認する声があります。何を言ってんだ、と思いますよ。戦後の日本は平和だった。その権利を行使しなかったため、何か問題があったのでしょうか。

　太平洋戦争を巡り、これまで各国の将軍、提督たちを数多くインタビューしてきました。みんな、偉い人は生きているんですよ。戦争とはそういうものです。「戦没者230万人」の犠牲のうえに日本は成り立っています。その数が示していることは何か、考えてみるべきじゃないでしょうか。

第2章
神風は吹いたのか？
―4,000人が死んだ「特攻」

空母サンガモンに急降下突撃の特攻機。ミンダナオ島のダバオから発進した

　日本海軍の「神風特別攻撃隊」が1944年10月25日に初めて、米海軍艦艇に突入した。国力で10倍以上の差があると言われた米国に戦争を挑んでから、既に3年目。数と数がぶつかり合う近代の消耗戦は、日本の限りある人的・物的資源を消耗し、連合国との戦力差は開いていくばかりだった。こうした状況の中、採用された特攻は、生きては戻れない「十死零生」の作戦のため「統率の外道」とされながら、日本陸海軍の主要な戦術となっていく。航空機だけでも、約4,000人が戦死したとされる特攻戦術。命中率11％とされた中で、どのような戦果を上げたのか。データをひもといてみた。

特攻の命中率 終戦直前は9機に1機の11％
初陣戦果に「有効性」思い込んだ海軍

　初めての神風特攻隊は在フィリピンの第一航空艦隊（一航艦）司令長官、大西瀧治郎・海軍中将が編成し、海軍最後の艦隊決戦となったフィリピン・レイテ沖海戦に投入された。関行男大尉を隊長とする敷島隊計5機が1944年10月25日、米海軍の護衛空母「セントロー」（7,800トン）を撃沈。他の3隻に損傷を与えた。初陣での破格の戦果に、海軍は戦術としての特攻の有効性を信じた。防衛庁防衛研修所戦史室（現在の防衛省防衛研究所戦史部）が編さんした「戦史叢書」によると、一連の「比島特攻作戦」で海軍は436機、陸軍は243機が出撃。成功率は約27％だったという。

　この数字は高いのか、低いのか。目標に向かって急降下しながら爆撃する「急降下爆撃」という戦術はもともと、従来の水平爆撃以上の命中率を得るために編み出された。開戦時の真珠湾攻撃で、一航艦（南雲機動部隊）の九九式艦上爆撃機は急降下爆撃で命中率58.5％を上げている。42年4月のインド・セイロン沖海戦では、英東洋艦隊の空母「ハーミズ」に対して命中率89％を記録。史上初めて空母機動部隊同士が激突した42年5月の珊瑚海海戦で、日本軍は米空母「レキシントン」に命

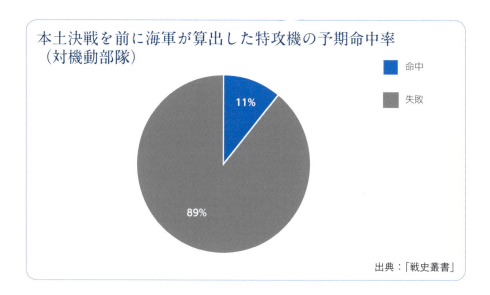

中率53％、米軍は空母「祥鳳（しょうほう）」に命中率32％の戦果を残している。そうした数字と比べて、レイテ沖海戦時の特攻成功率は特に高い数字というわけではない。

命中率は次第に低下、沖縄戦では7.9％

しかも特攻戦術による命中率は次第に低下していく。軍事史研究家の故・小沢郁郎氏は自著「つらい真実 虚構の特攻隊神話」（同成社）で、出撃機数や米海軍の被害統計などを精査。フィリピン戦期（1944年10月～45年1月）は23.5％だった命中率が、沖縄戦期（45年3月～終戦）は7.9％に低下していたと算出した。

機材も命も、すべてを失う「十死零生」の消耗戦

本土決戦に備える海軍は太平洋戦争末期、特攻機の予期命中率を算出している。沖縄戦を戦訓に、対機動部隊で9分の1、対上陸船団で6分の1と見積もった。本土南西部に来攻する米上陸軍第1波（約10個師団）の輸送船を約1,000隻と予測し、作戦

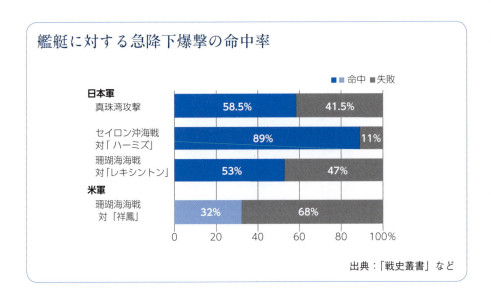

を頓挫させるためには半数の撃沈が必要と判断。予期命中率などに基づき、航空機5,000機の整備が必要とされた。

命中率が9分の1、すなわち約11％に落ちた理由は

1. 搭乗員の技量低下
2. 特攻機材の性能低下
3. 米軍の対策向上

などが挙げられる。ただし、仮に命中率が2割台を維持できたとしても、「九死に一生」もない「十死零生」の特攻戦術においては、出撃した搭乗員・機材の全てが失われることに変わりはなかった。それは戦力の消耗でしかなく、その先にあるのは戦争遂行能力の破綻でしかなかった。

特攻機命中率の推移

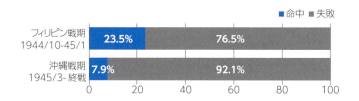

フィリピン戦期 1944/10-45/1 : 命中 23.5% / 失敗 76.5%
沖縄戦期 1945/3-終戦 : 命中 7.9% / 失敗 92.1%

フィリピン戦期：1944.10〜45.1 ／ 沖縄戦期：45.3〜終戦
出典：「つらい真実 虚構の特攻隊神話」

「体当たりなんて…日本は終わり」特攻1号の関大尉

関行男大尉

　全軍の模範となる「特攻第1号」として、海軍兵学校出身の関行男大尉は特に選抜された。戦死後は2階級特進し、「軍神」となった。一方で、出撃前にこう慨嘆していたという。

　「通常攻撃でも爆弾を命中させる自信がある。そんな僕に体当たりを命じるなんて、日本は終わりだ」

劣勢で次々失った熟練パイロットたち
速成の搭乗員がほとんどに 技量不足で特攻採用

　特攻戦術が採用された背景として、熟練の航空機搭乗員の減少がある。零式艦上戦闘機（ゼロ戦）をはじめとする日本機は戦果を上げる一方で、その防弾性能の低さから、損害も増加させた。1942年8月にガダルカナル島の戦いが始まると太平洋

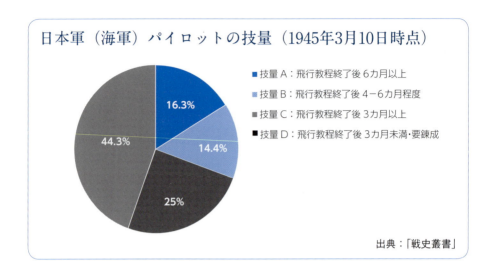

　戦争は航空消耗戦となり、貴重な戦力を逐次投入し、消尽させていった。42年10月の南太平洋海戦では出撃216機のうち、約6割の130機を失ったとされる。

　連合艦隊は翌43年4月の「い号作戦」終了後の研究会で、戦闘機の日米の実力差は開戦時には6対1と日本がリードしていたが、同作戦では1対1くらいとほぼ並んだと判定した。戦史叢書によると、開戦時の海軍搭乗員約7,000人のうち、44年3月時点では既に6割近く、約3,900人が戦死していたという。

　主力である第一、第三、第五の各航空艦隊に所属する搭乗員（偵察員を含む）計2,661人について、沖縄戦直前の45年3月10日時点でまとめた技量の資料が表である。約4割の1,180人は要錬成の「技量D」で、飛行教程を終えて3カ月未満の技能では、作戦可能とはいえなかった。このクラス分けも44年9月1日に改正されたもので、開戦前までは「技量A」と認定されるのに飛行教程終了後2年9カ月程度の期間が必要だった。「技量C」も、飛行教程終了後9カ月とされていた。

　この開戦前の基準を当てはめると、沖縄戦当時の搭乗員の実態は、ほとんどが「技量D」だったことになる。実際に当時の事故統計によると、計139件のうちの計101件が「人員ニ起因スルモノ」であり、技量の未熟さが関係するものと思われる。

1. 戦力を埋めるため、錬成途上の搭乗員を逐次投入する

第2章 神風は吹いたのか？

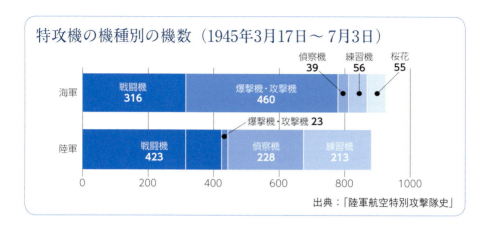

2. 技量未熟の搭乗員は生還率が低く、戦果も上げられない
3. 損害ばかりが多くなり、搭乗員も不足する

　海軍は自ら、そうした消耗戦の悪循環に陥っていった。「海軍特攻の父」とされる大西瀧治郎中将は「通常の攻撃では米機動部隊に損害を与えられない」と特攻戦術を正当化した。ただし、そうした戦況を招いた責任は、作戦指導を誤った軍当局にあると言えるだろう。

練習機や偵察機など低性能の機体も苦し紛れ投入

　爆装した零式艦上戦闘機（ゼロ戦）により、特攻作戦は開始された。搭乗員は志願制を建前としたが、華々しい戦果が伝えられるとともに特攻作戦は恒常化。あらゆる機体が投入されることになる。

　沖縄戦などがあった1945年3〜7月に投入された陸海軍機計1,813機のうち、約3割（計536機）を、そもそも実際の戦闘には向かない偵察機・練習機、旧式戦闘機などが占めた。もともと低速・低馬力なうえに無理に爆装したため、運動性能はさらに低下した。

高速の戦闘機であっても、爆装すれば同様の影響は免れない。爆撃機・攻撃機は爆弾・魚雷の搭載能力を持っていたが、空戦には当然適していなかった。しかも

・熟練工の不足、工作精度の低下による新造機の性能劣化
・オクタン価の低い劣悪な航空燃料の使用

などで、スペック通りの性能を発揮することも難しかった。いずれにしても、米戦闘機に追尾されれば振り切ることは不可能に近かった。

それでも、軍は特攻戦備に突き進んだ。神風特攻隊の初投入を目前にした44年9月には、特攻専用機である"人間爆弾"「桜花」の量産を開始。

海軍は特攻専用機の要件に、

・資材を節約できること

・訓練が容易なこと
・燃料を節約できること

　などを挙げた。45年7月に初飛行を成功させた日本初のジェット機である「橘花」でさえ、本土決戦での特攻作戦に使用する計画だった。

▶特攻で使用された機体

四式戦闘機　疾風

　中島飛行機製の陸軍機で、愛称「疾風(はやて)」。最優秀の日本機とされ、「大東亜決戦機」と期待された。戦後の米軍によるテスト（米軍用ハイオクタン価ガソリンなど使用）では、日本のカタログ性能を上回る速度を記録したという。

一式陸上攻撃機

　海軍の主力双発攻撃機。特攻専用機「桜花」を機体下の爆弾倉に積み込み、特攻出撃した。燃料タンクなどの防弾性能が低いために火を噴きやすく、あだ名は「ワンショットライター」。多くが桜花と共に撃墜された。

桜花

　固体ロケットを推進動力とする通称「人間爆弾」。航続距離が短いため、母機が必要だった。母機は低速にならざるをえず、最初の出撃部隊（母機・一式陸攻18機）は全滅。連合軍は「BAKA（ば　か）」というコードネームをつけた。

彗星艦上爆撃機

　「九九棺桶（かんおけ）」とあだ名されるほど旧式化した九九式艦爆に代わり、海軍の主力となった。期待の高速機だったが、海軍は特攻に投入。宇垣纏（まとめ）中将も同機で特攻出撃した。美濃部正少佐の「芙蓉部隊」の使用機でもある。

九八式直協偵察機

　陸軍機。皇紀2598（1938）年に採用された。固定脚で操縦性に優れ、練習機にも使用された。主任務は低速性能を生かした偵察・観測であり、敵機との空中戦や敵艦艇の爆撃にはもちろん、適していない。

練習機　白菊

海軍で使用された練習機。固定脚で主翼は木製だった。海軍は特攻用に250キロ爆弾を装着、航続距離を延ばすための燃料タンクなどを増設し、性能は大幅に低下した。同機の特攻部隊には俳優の故・西村晃、裏千家十五代家元の千玄室氏も配属された。

▶米軍の代表的な機体

F4U

逆ガル・タイプの主翼が特徴。愛称「コルセア」。零戦の2倍となる2,000馬力級のプラット・アンド・ホイットニー社製エンジンを搭載した。ちなみに三菱重工業の子会社が開発が開発を進める国産ジェット旅客機「MRJ」のエンジンも同社製。

F6F

愛称「ヘルキャット」。偶然に捕獲した零戦を徹底的に研究し、開発の参考にした。海軍の主力艦上戦闘機で、約1万2,000機を生産。高馬力、頑丈かつ操縦性の良

さなどから、搭乗員からは「料理ができれば結婚したい」と好まれた。

P51

史上最高のレシプロ戦闘機と言われる。朝鮮戦争（1950年～）ではソ連製ジェット戦闘機を撃墜した例もある。愛称「マスタング」。優れた航続性能で長距離侵攻する爆撃機を護衛し、戦略爆撃の成功に貢献した。

零式艦上戦闘機

大戦を通しての海軍の主力戦闘機であり、海軍の特攻の主力となった。開発した三菱重工が3,880機、中島飛行機が6,545機を生産した。増槽（外部燃料タンク）の代わりに爆弾を搭載でき、戦闘爆撃機としても運用された。名称の由来は皇紀2600（1940）年の採用のため。

試作の「十二試艦戦」に始まり、機体形状、搭載エンジンなどの異なるさまざまなタイプが生まれた。ただし、大戦後期になるにつれ、空戦性能を左右するエンジンの馬力不足は致命的だった。最多生産の「52型」（1943年～）に搭載された中島飛行機製「栄二一型」（1,100馬力）は、最初期の「11型」（1939年～）の「栄一二型」（950馬力）と比べ、性能的にほとんど変わらなかった。

終戦まで零戦の開発・生産は続き、1945年度の海軍機生産総数2,840機のうち、零戦は最多の1,039機（約36.6％）を占めた。それは設計主務者、堀越二郎の基礎設計の確かさの証しであったが、零戦に代わる主力戦闘機を開発・生産できなかった戦時における日本の航空技術の限界を示している。

零式艦上戦闘機（21型）の性能

略号	A6M2b
翼幅	12.00m
自重	1,680kg
発動機	中島飛行機製「栄一二型」950馬力
最大速度	288ノット（533km）
製造メーカー	三菱重工業、中島飛行機
初号機完成	1940年

正規空母、戦艦、巡洋艦は一隻も撃沈できず
米海軍、最新レーダーで特攻を無効化

　米海軍は最新の科学技術、効率的な組織運用により、特攻戦術を無効化していった。精神主義の日本軍は物量だけでなく、米軍の合理主義にも敗れ去った。

　特攻機の主目標は大型の正規空母（2万〜4万トン級）を中心とする機動部隊だった。その外周部に、米軍は対空捜索レーダーを搭載した駆逐艦「レーダーピケット艦」による早期警戒網を設け、日本の攻撃隊を感知。空母の戦闘機隊で迎撃した。

　迎撃網を突破した日本機に対しては、輪形陣を組んだ護衛艦艇の対空砲火が待ち受けていた。米艦艇の対空砲火は距離、高度、方位、速度を測定できる対空射撃指揮レーダーと連動。さらに一部の砲弾は最新の「近接（VT）信管」を装備していた。信管が電波を発し、敵機を感知すると砲弾を破裂させるため、直撃する必要はなかった。

　こうしたシステムを統制したのが空母などに設置したCIC（戦闘情報センター）だ。レーダーピケット艦の情報などを分析し、効率的に戦闘機隊を日本機に対して差し向けた。1945年5月の戦況について、米太平洋艦隊司令長官のチェスター・ニミッツ提督は「神風の脅威を自信を持ってはね返すところまで来ていた」と記す。

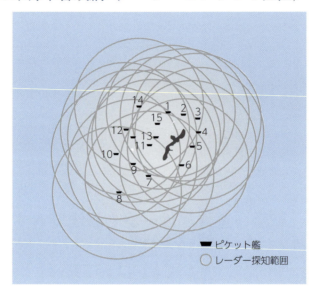

沖縄戦の米海軍警戒網（レーダーピケットの位置）

出典：「戦史叢書」

衝撃力弱く「無意味さ」認識していた大本営

　特攻隊は正規空母はもちろん、戦艦、巡洋艦も実際に沈めることができなかった。撃沈した護衛空母は1万トン足らずと正規空母の半分の大きさで、量産性に優れていたため「ウイークリー空母」「ジープ空母」などと呼ばれる代物だった。

　米軍は「ダメージコントロール」能力にも優れていた。艦艇には専門の「ダメージコントロール」部隊を配置したり、自動消火設備を装備したりするなど、被害を最小限に食い止めた。たとえ撃破されても、沈没を免れれば造船工場での修復が可能だった。沖縄戦には正規・軽空母16隻、戦艦23隻、護衛空母28隻、巡洋艦39隻、駆逐艦205隻などを投入（「世界の艦船」803号より。雨倉孝之氏調べ）。開戦後の被害艦艇は後方に下げる一方で、艦隊編成に穴が開かないよう工夫していた。例え

ば、護衛空母は常に18〜20隻が第一線に配置される態勢だったという。

体当たりされ黒煙を上げる米空母

　米艦被害の実態は特攻機の命中率の低さに加え、体当たりの衝撃力の弱さも影響している。空中投下する爆弾に比べ、航空機の突入速度は遅い。大本営もそれは認識しており、1945年5月には「現有特攻機の装備と攻撃法では貫徹力不十分等のため、大型艦に対しては致命的打撃威力を発揮できないと認められる」と関係幹部らに通知し、対策を求めた。しかし、それでも、特攻は終戦まで続けられた。

特攻を否定していた最前線の搭乗員
上層部を批判、作戦拒否し生き抜いた者も

　「統率の外道」とされた特攻戦術に、前線の搭乗員らは否定的な見方をしていた。

　当時の最前線の雰囲気はどうだったのか。「大空のサムライ」として知られ、64機撃墜のエースだった坂井三郎氏（故人）は戦後、加藤寛一郎・東大名誉教授（航空宇宙工学）のインタビューに答えている。「士気は低下した。大義名分のもとに帰還する確率が、たとえ1万分の1でもあるから士気が上がるんです。大本営と上の連中は上がったと称する。大うそつきです」

　海軍のエース、菅野直大尉（1945年8月戦死）はフィリピンで特攻待機の上官命令に逆らい、「行く必要なし」と部下を押しとどめた。陸軍の佐々木友次伍長は特攻出撃したが、生還した。ところが大本営が「戦死」と発表。それ以降、「特攻しろ」との参謀らの非難にさらされ続けた。「殺すことばかりを考えている」と上層部を批判した佐々木伍長は、通常攻撃を続け、戦争を生き抜いたという。

　海軍の美濃部正少佐は夜襲専門の「芙蓉部隊」を創設。用兵次第では通常攻撃がまだ有効であることを証明した。練習機による特攻を提示した参謀らに対し、美濃

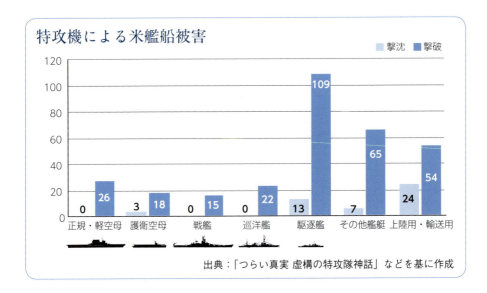

部少佐は下の階級にもかかわらず「成算があるというのなら、ここにいらっしゃる方々がそれに乗って攻撃してみるといいでしょう。私が零戦1機で全部撃ち落してみせます」と叱責した。

　司令官らはどうしたか。一航艦司令長官から軍令部次長に昇任していた大西瀧治郎中将は終戦を迎えると自決。五航艦司令長官の宇垣纏中将は45年8月15日、部下を率いて沖縄方面へ特攻出撃した。二航艦司令長官などを務めた福留繁、軍令部で特攻作戦を推進した黒島亀人の両提督、陸軍で特攻を指揮した冨永恭次、菅原道大の両将軍は戦後を生き抜いた。

　特攻隊員の7割は学徒出身だったと言われる。高学歴で速成教育に適していたからだが、彼らは欧米の思想、文学などに親しんできた者も多かった。

　陸軍の上原良司大尉（慶大経済学部、1945年5月戦死）もその一人。自由の偉大さは証明されつつあるとして、出撃前夜に書き残した。「（権力主義の国家は）必ずや最後には敗れる事は明白な事実です。我々はその真理を、今次世界大戦の枢軸国家において見る事が出来ると思います」「自己の信念の正しかった事、この事はあ

第2章 神風は吹いたのか？

航空特攻による戦死者
- 海軍 2,431
- 陸軍 1,417
- 2014年 防衛大学校学生 2,009

出典：「特別攻撃隊」特攻隊慰霊顕彰会編、防衛大学校（2014年4月時点）

日の丸の鉢巻をしめてもらう特攻隊員

るいは祖国にとって恐るべき事であるかも知れませんが、吾人にとっては嬉しい限りです」

保阪正康さんインタビュー

特攻70年
「特攻は日本の恥部、美化は怖い」

　特攻とは何か。特攻隊員たちの遺書が自身の執筆活動の原点というノンフィクション作家、保阪正康さんに聞いた。

保阪正康（ほさか・まさやす）

1939年、札幌市生まれ。同志社大文学部卒。出版社勤務を経て、著述活動に入る。「昭和史を語り継ぐ会」主宰。長年の昭和史研究で2004年に菊池寛賞を受賞した。

　ある元海軍参謀にインタビューをした際、戦時中の個人日誌を読ませてもらったことがあります。特攻隊についての記述があり、「今日もまた、『海軍のバカヤロー』と叫んで、散華する者あり」と記してありました。部外秘の文字も押されて。この元参謀によると、特攻機は離陸した後はずっと、無線機のスイッチをオンにしているそうなんですよ。だから、基地では特攻隊員の"最後の叫び"を聴くことができた。「お母さーん」とか、女性の名前もあったそうです。「大日本帝国万歳」というのはほとんどなかった。ところが、そうした通信記録は残ってい

ない。故意に燃やしてしまったに違いありません。"軍神"が「海軍のバカヤロー」と叫ぶ。それは当局にとって、隠蔽(いんぺい)すべきことだったでしょうから。

　高校時代に「きけわだつみのこえ」を読みました。それが特攻隊について、考えるようになった契機です。その後、生き残りの隊員や遺族らに取材を重ねてきました。学徒出陣した上原良司氏(陸軍大尉。1945年5月、沖縄で戦死)の妹さんは、兄と仲間たちの会話を手帳に残していました。彼らは「向こうの奴ら(やつら)(＝米軍)何と思うかな」「ホラ今日も馬鹿共(ばか)が来た。こんな所までわざわざ自殺しに来るとは間抜けな奴だと笑うだろうよ」と言い合っていたそうです。取材後の彼女の何気ない言葉は重く、響いています。「指揮官たちは『後に続く』と言いながら、誰も飛び立たなかったそうです。その言葉を信じた兄たちが事実が分かったら、どんな気持ちになるでしょう」

　高級参謀をはじめ、日本の職業軍人とは何者だったのでしょうか。英国は階級社会ですが、国を守るという点では王族・貴族もありません。戦争で死ぬということについて、平等性がある。戦争に貴賤(きせん)なしです。日本でも高松宮さまなどは

特攻機からの無電を受信する電信兵

前線勤務を希望していたようです。ある陸軍大学校出身の元参謀には「息子を入学させるなら、陸大だよ」と言われました。彼の同期50人ほどのうち、戦死は4人だけだったそうです。エリートは前線に行かず、戦争を美化するんです。

　兵士の危険負担を限りなく、低くすることが本来の指揮官の役割です。国民的バックグラウンドの下で、西洋の民主主義国家にはそれがあった。彼我の戦力を客観的に分析する。物量主義も、兵士を死なせないためにあるんです。日本にあったのは生煮えの軍事学です。仏独に学んだ上っ面だけの西洋軍事学に"日本精神"である武士道を乗っけた。「武士道と云ふは死ぬこととみつけたり」（「葉隠」）の文言だけを取り出し、都合良く利用した。

　特攻は日本の恥部です。命を慈しむ日本の文化や伝統に反することです。命中率99％であったとしても、だめなんです。志願を建前としていましたが、実際には強制でした。本人が望んでいない死を要求し、死なせる。こんなものは軍事ではない。国家のため、大義のためという、自己陶酔でしかない。戦争とは人の生死をやり取りする闘争です。ロマンなどないんです。特攻は米軍に畏怖心を与え、日本本土上陸をためらわせたとの説がありますが、とんでもない。米軍は暗号名「コロネット」「オリンピック」などの上陸作戦を着々と準備していました。一方の日本軍は「義勇兵役法」で国民の根こそぎ動員を決め、1億総特攻に駆り出そうとしていた。国民一人一人が特攻要員だったんです。

　「特攻隊員は我々である」との視点が必要です。あの時代に生きていれば、あの時代が繰り返されれば、自分も特攻隊員になるかもしれない。特攻を考える時、必要なのは同情ではなく、連帯感です。隊員の苦衷、苦悶が分かれば、美化することなどできないはずです。「特攻で死んだ人に失礼ではないか」「彼らのおかげで今の日本がある」などと言ってくる人がいます。どうして、そんな軽々なことを言えるのか。特攻を命じた指揮官たちと変わりませんよ。

　クラウゼビッツ（プロイセンの軍事学者）は戦争を「他の手段をもってする政治の延長」と位置付けました。本来は政治こそが、軍事の上になければならなかった。日本が陥った軍部独裁は政治家たちだけの責任でもありません。国民も軍

をもてはやし、甘やかした。勝つことこそが軍の目的ですから、負けると分かっても戦争をやめることなどできなかった。行き着いた先が特攻です。

　特攻について、時に涙が止まらなくなるほどの感傷を持っています。それとともにわき上がるのは軍への怒りです。この二つがあってこそ、特攻に向き合えるのではないでしょうか。どちらかに傾いてもいけない。特攻は時代を測るメルクマールだと思っています。いたずらに美化することは非常に怖いことです。集団的自衛権によって、自衛隊が海外派兵される可能性が高まっています。良くも悪くも、軍隊というものには国民性が表れます。今こそ、旧軍について、十分に検証すべきです。それが無くては、特攻というシステムを採用するような組織が再び、生まれてしまうかもしれません。

第3章

真珠湾攻撃は米国を砕いたのか？
―国力4分の1、日本の大ばくち

1937年（昭和12年）11月、天皇陛下（昭和天皇）が出席して開かれた大本営会議

ハワイ・真珠湾の米太平洋艦隊を奇襲攻撃したのが1941年12月8日。「短期決戦による早期講和」を独善的に夢想した挙句、日本はとうとう戦争に踏み切ったのだった。しかし、「宣戦布告前のひきょうなだまし打ち」と憤激した世論を背景に、"世界の工場"米国は戦時体制に速やかに移行する。国民生活を犠牲にした動員をかけても、国内総生産（GDP）では米国の4分の1以下。一流国とは名ばかりの日本にそもそも、総力戦に耐えるほどの国力があったのか。データをひもといてみた。

1939年、資源求め中国大陸進出を強化
国際秩序破壊に米英の猛反発招く

　第一次世界大戦後のアジア・太平洋地域の国際秩序は「ワシントン体制」を根幹としていた。1922年に締結された九カ国条約（日本、米国、イギリス、オランダ、フランス、イタリア、ベルギー、ポルトガル、中華民国）を軸に、中国の「主権尊重」「門戸開放」「機会均等の原則」が定められた。

　この国際秩序に挑戦したのが日本だった。1929年10月の「暗黒の木曜日」（ニューヨーク証券取引所＝ウォール街＝での株価大暴落）に端を発したといわれる30年代の世界大恐慌によって、先進国は自国勢力圏の囲い込みによる経済のブロック化を進めていた。日本は資源を求め、「生命線」と位置付けた中国大陸への進出を強化する。

　日中開戦後の1938年11月には公爵・近衛文麿を首班とする内閣が「東亜新秩序」声明を発表。日本と満州、中国による経済圏「日満支ブロック」の形成をうたい、その後の「大東亜共栄圏」へとつながっていく。しかし、この"侵略行為"は中国に権益を持っている米英の反発を招いた。第一次世界大戦の講和条約を軸とする「ベルサイユ体制」の打破を掲げたナチス・ドイツと同様、日本は国際秩序の破壊

者とみなされるようになる。

　戦力物資を海外に依存する日本の国力の実態は頼りないものだった。国力の基礎指標となる実質国内総生産（GDP）で、1940年の日本は2,017億6,600万ドル。米国の9,308億2,800万ドルの4分の1以下であり、イギリスの3,156億9,100万ドルにも及ばない。（数値は「世界経済の成長史1820〜1992年」）

「鉄は国家なり」日本は米の9分の1

　重工業の差は歴然としていた。「鉄は国家なり」（ドイツ宰相ビスマルク）の言葉通り、鉄の生産能力は国力に直結する。1940年の粗鋼生産量を比べると、日本の685万6,000トンに対し、米国は約9倍の6,076万6,000トンに達する。

　生産活動に必要な発電量は日本の347億キロワット時に対し、米国は1,799億キロワット時。民力の指標にもなる自動車保有台数は日本の15万2,000台に対し、米国は3,245万3,000台だった。

致命的だった「戦争継続能力」の欠如

　相手の野戦戦力を戦場で撃滅すれば戦争自体に勝利できる、ナポレオン型の戦争の時代は去っていた。近代国家同士の消耗戦では、総合的な国力に基づいた継戦能力が勝敗を決する。前線に戦力を投入する能力を破壊しない限り、1会戦程度の戦

日本と米国の鉄と石炭の生産（1940年）

粗鋼
- 日本: 6,856,000 トン
- 米国: 60,766,000 トン

石炭
- 日本: 56,313,000 トン
- 米国: 462,000,000 トン

出典：「日本の鉄鋼統計」「鉄鋼統計要覧」日本鉄鋼連盟
「日本長期統計総覧」日本統計協会など

米戦艦ノースカロライナ

勝では相手国を屈服させることはできない。

第一次世界大戦でドイツが最終的に降伏せざるを得なかった要因は戦場での直接的な敗北ではなく、

1. 連合国側の経済封鎖
2. スペイン風邪の流行
3. 革命にまで至った厭戦気分の蔓延

などによる国力の疲弊にあった。そして、長期戦に耐えるだけの軍事的、経済的支援を連合国側に与えられる米国を敵に回したことにあった。

南雲忠一中将指揮の日本海軍機動部隊は真珠湾攻撃で、米太平洋艦隊の戦艦4隻を撃沈破するなどの戦果を上げた。しかし、米国は沈没・座礁した戦艦3隻を引き揚げ、前線に復帰させる。攻撃から約2年半後の1944年6月。南雲中将には既に率いる空母もなく、サイパン島で陸上部隊を指揮していた。米上陸部隊を支援する艦隊を遠望し、つぶやいたという。

「真珠湾で沈めた艦がいるね……」

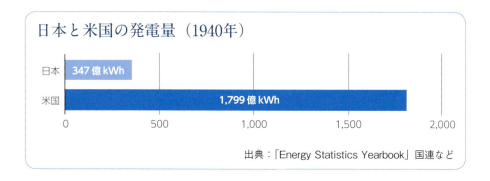

日本経済の実態 生糸、綿織物頼み
「重工業国」の段階にほど遠く

　日本はまだ、欧米のような重工業国の段階には達していなかった。このことは主要な輸出品に顕著に表れており、1940年の輸出額（36億5,600万円）のうち、生糸（4億4,606万円）、綿織物（3億9,913万円）、衣類（1億3,859万円）でほぼ4分の1を占めていた。

　産業構造においても、十分な工業化には至っていなかった。同年の国民所得（309億7,300万円）における経済活動別の割合をみると、製造業は最多の30.0％。一方で、農業も19.1％を占めている。

「輸入原料に依存する貧弱な日本」米分析

　日本の戦争経済の実態を調査するため、米国のハリー・トルーマン大統領は終戦直後に「アメリカ合衆国戦略爆撃調査団」を派遣した。その調査によると、日本の重工業と軽工業の製品比率は1930年には38.2％対61.8％だった。構造転換を目指した努力によって、1937年には57.8％対42.2％と逆転。ただし、各種原料の確保は「依然として日本の工業生産を制約する要因」だった。日本が重工業化のために進出した満州と中国・華北地方からの資源輸入は限定的だったと指摘したうえで、同調査団は次のように結論づけている。

　「日本の軍事工業は比較的小さくかつ新しく建設されたものであるから能力には

余力というものがなかった。兵器生産の経験や他に大量生産の産業も少ない日本では、工業的機械学的に熟練した労働力を作り上げることができなかった。これは後日経済が大規模な戦闘のため逼迫したとき、熟練の不足、創意の不足、即席にものをつくる能力の欠如を意味していた」

「要するに日本という国は本質的には小国で、輸入原料に依存する産業構造を持てる貧弱な国であって、あらゆる型の近代的攻撃に対して無防備だった。手から口への、全くその日暮らしの日本経済には余力というものがなく、緊急事態に処する術がなかった」

1941年の稲刈り風景

「日本の経済的戦争能力は限定された範囲で短期戦を支え得たにすぎなかった。蓄積された武器や石油、船舶を投じてまだ動員の完了していない敵に対し痛打を浴びせることは出来る。ただそれは一回限り可能だったのである。このユニークな攻撃が平和をもたらさないとき、日本の運命は既に定まっていた」

戦前の貿易相手は仮想敵国の米英蘭

戦前の日本の主要な貿易相手は米国、イギリス、オランダなどの「仮想敵国」だった。3国への市場依存度は高く、特に外貨獲得の主力産品である生糸は96％（1930

第3章　真珠湾攻撃は米国を砕いたのか？

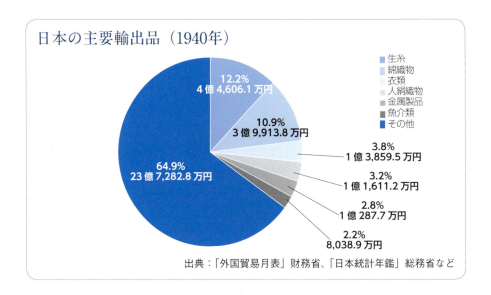

年）を米国に輸出していた。その利益で輸入した綿花を織物などに加工し、次にイギリス領インド、オーストラリアなどに輸出した。ここでの利益は機械類、鉄鋼、原料などの購入に充てられ、日本の重工業化を進めてきた。

すなわち、

　　日本（生糸）→ 米国（綿花）→ 日本（綿製品）→ イギリス
　　米国、イギリス（戦略物資）→ 日本

という構造だ。

予想できた開戦による戦略物資途絶

　日本は、自らの経済ブロックと位置付ける満州、中国には工業製品と機械類などを輸出し、農産物と鉱物などを輸入していた。ただし、この貿易は大幅な輸出超過だった。石油はもちろん、銃弾の製造に必要な銅、航空機などの製造に必要なアルミニウムの原料ボーキサイトなどの戦略物資は依然として、米国やイギリス、オラ

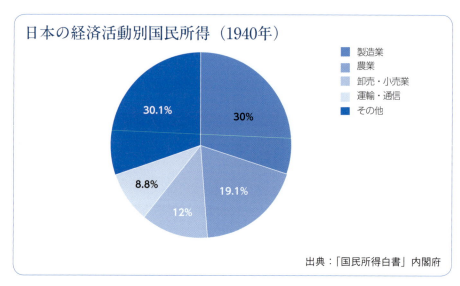

紡績工場に並んだ管巻きの糸

ンダなどに頼らなければならなかった。

「英米との衝突は悲劇的」経済学者の忠告

　こうした日本の貿易構造を既に戦前に解き明かした経済学者の名和統一・大阪商科大学（現大阪市立大学）教授は、著書「日本紡績業と原綿問題研究」で「英米との衝突は悲劇的であらねばならぬ」と喝破したうえで、「日本が大陸政策強化の準備として、重工業・軍事工業生産力拡充に焦慮すればする程、世界市場への依存、原料輸入は増大すると云う循環を示した。ここに日本経済の深憂が存ずる」と分析していた。1935年の貿易額を国別（植民地だった朝鮮、台湾を除く）にみると、さらに依存度が分かる。

第3章 真珠湾攻撃は米国を砕いたのか？

戦前の貿易相手国と割合

1935年の貿易額

輸出：24億9,900万円

1　中国（満州を含む）　　　5億7,510万3,000円
2　米国　　　　　　　　　　5億3,551万5,000円
3　イギリス領インド　　　　2億7,563万7,000円
4　インドネシア　　　　　　1億4,304万1,000円
5　イギリス　　　　　　　　1億1,945万8,000円

輸入：24億7,200万円

1　米国　　　　　　　　　　8億964万5,000円
2　イギリス領インド　　　　3億564万5,000円
3　中国　　　　　　　　　　3億5,033万8,000円
4　オーストラリア　　　　　2億3,512万8,000円
5　ドイツ　　　　　　　　　1億2,081万7,000円

着物に割烹着姿で働く紡績工場の女子工員

米の通商断交で石油がストップ
絹製品暴落も国家経済に打撃

　日本の中国侵略は米国を刺激し、1939年7月に「日米通商航海条約」破棄の通告

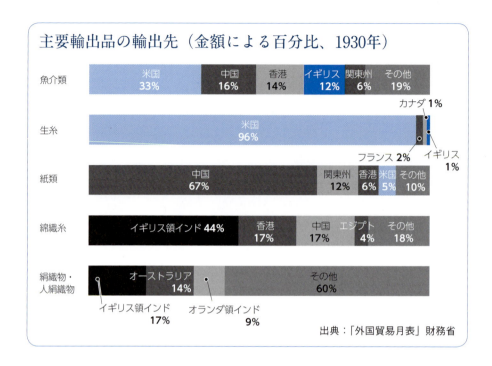

を受ける。「日満支」経済ブロックを強化してきたとはいえ、1935年時点での輸出総額に占める米国の割合は21.4％、輸入総額では32.7％に達していた。実際の条約破棄は規定上6カ月後とされたが、米国の通告は日本の主力輸出品である生糸、絹製品の相場を大暴落させ、国家経済に深刻な打撃を与えたという。

　特に最重要の戦略物資である石油において、米国との関係悪化は致命的だった。1940年の世界生産に占める米国の割合は実に62.6％。日本銀行所有の金準備を取り崩してまで、日本は特別輸入などによる原油の備蓄に努める。全面禁輸までの"駆け込み輸入"を続け、1940年時点での輸出総額に占める米国の割合は低下したが、逆に輸入総額では増加することになった。戦争に必要な物資を最大の仮想敵国に依存するという矛盾をはらみつつ、1941年当初には2,085万7,000バレルの在庫を確保することができた。

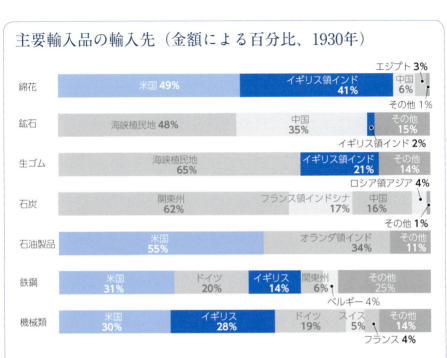

1940年、日独伊同盟で米さらに硬化
日本海軍「4、5カ月以内の南方武力行使必要」

　一方、1940年9月の北部仏印進駐、日独伊三国軍事同盟の調印などで、米国はさらに硬化していく。1941年5月に海軍軍令部は海軍省なども参加した「対米持久作戦」の図上演習を実施。「海軍は開戦後2カ年半の作戦をまかなえる燃料を蓄えているが、米英の全面禁輸を受けた場合、4、5カ月以内に南方武力行使を行わなければ主として燃料の関係上戦争遂行ができなくなる」との結論を出したという。

　ここにいたり、オランダ領ボルネオの油田地帯を中心とする南方地域の資源獲得（いわゆる「南進論」）は明確となる。1941年8月。前月の南部仏印進駐を受け、米

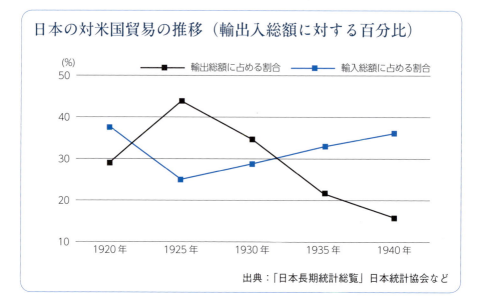

国は石油の対日輸出全面禁止を通告してきた。そのまさに4カ月後、日本は真珠湾攻撃に踏み切る。

シーレーン破壊 底ついた備蓄石油

　米国の対日輸出全面禁止を受け、1941年の日本の原油の輸入は激減した。「12月8日」後の南方資源地域の占領は順調に進み、1942、43年の輸入（いわゆる「還送」）は右肩上がりとなる。しかし、米海軍は日本本土と海外を結ぶシーレーンの破壊を、軍事戦略の最優先の一つに据えていた。

　大西洋では同盟国・独海空軍のUボートとコンドル爆撃機がイギリス、ソ連向けの輸送船団に大打撃を与えているという戦訓があったにもかかわらず、艦隊決戦主義の日本海軍は海上護衛を軽視。そのため、米潜水艦と航空機による日本商船の被害は激増していく。

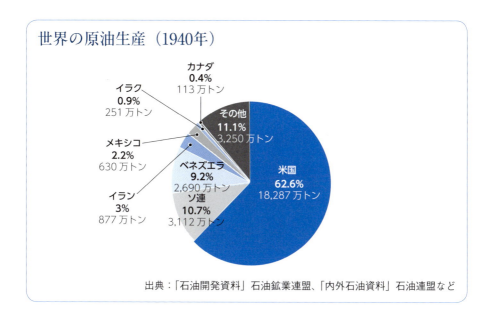

1945年1月に海軍は起死回生の輸送作戦「南号作戦」を発起するが、計15船団延べ45隻の商船のうち、20隻が撃沈された。事実上、南方からの輸送は途絶。日本の原油在庫は減少の一途をたどる。一方で、南方の油田地帯では積み出しができないため、湧き出す石油を燃やしていたという。

「総合戦力は10対1 勝てる見込みない」訴え無視

　国家として、近代戦争を遂行できるのか――。対米関係が緊張の度合いを増すなかで、日本の政府・軍関係者もまた、データに基づいた調査を試みていた。

　1940年2月ごろ、陸軍の秋丸次朗主計中佐が中心となり、軍民合同の経済調査班が発足した。この「秋丸機関」は日本、英米、ドイツ、ソ連の計4班で研究。1941年9月末までに

- 軍の動員と労働力の間の矛盾がはっきりと出ており、日本の生産力はもうこれ以上増加する可能性はない

- ドイツの戦力は今が峠である
- 米国の戦争経済の構造にはさしたる欠陥は見られない

との報告を出した。

　国民生活を犠牲にしても、財政的に日本は米国に劣る。英米班に所属した経済学者の故・有沢広巳（元法政大総長）は回顧している。

　「日本が約50％の国民消費の切り下げに対し、アメリカは15〜20％の切り下げで、その当時の連合国に対する物資補給を除いて、約350億ドルの実質戦費をまかなうことができ、それは日本の7.5倍にあたる」

　秋丸中佐は陸軍部内の幹部会議で、こうした内容を示した。統帥部トップの杉山元（げん）参謀総長は内容を「おおむね完璧」と認める。しかし、「その結論は国策に反する。従って、本報告の謄写本は全部ただちにこれを焼却せよ」と命じたという。

　「陸軍中野学校」を創設し、謀略戦の専門家である岩畔豪雄（いわくろひでお）大佐は在米日本大使館に赴任し、非公式の日米交渉に参画。1941年8月に帰国すると、政財界の有力者らに対米戦の無謀さを説いて回った。政府・軍の最高指導部による「大本営政府連

絡会議」では、独自調査に基づいた米国との国力差を示すデータを公表する。

鉄鋼　20対1　　飛行機　5対1
石油　100対1　　船舶　　2対1
石炭　10対1　　労働力　5対1

「総合戦力は10対1。大和魂をふるっても日本は勝てる見込みはない」と締めくくった。ところが、岩畔大佐は翌日には東条英機陸相から直々に、カンボジアの駐屯部隊への転属を命じられた。東京駅に見送りに来た人々に対し、岩畔大佐は「もし生きて再び東京へ帰ってくるときがあるとすれば、東京駅はきっと廃虚になっていることだろうね」と語った。

4カ月前 模擬内閣が分析「日米開戦は不可能」

　内閣直属の「総力戦研究所」（1941年4月設立）は「模擬内閣」を組閣し、机上演習を行っている。「閣僚」に就任したのは平均年齢33歳の研究員36人。いずれも中央省庁、陸海軍、日銀、民間、報道機関などの将来の幹部候補で、それぞれが出身母体のデータを活用するなどし、日本が石油獲得のために南進した場合の国家レベルでの影響をシミュレートした。

　その結果、対米関係は悪化するが、国力的に開戦は不可能——との「閣議決定」を下す。それでも対米戦に踏み切った場合は「船舶被害増大によりシーレーン崩壊」「長期戦になり石油備蓄消耗」「中南米諸国との外交途絶」などに至ると判定。最終的には「ソ連が米国と連携し、対ソ関係が悪化」し、模擬内閣は「総辞職」するしかないとした。

　1941年8月、東京・永田町の首相官邸大広間。近衛文麿首相をはじめとする閣僚らに、研究員たちは「閣議報告」を行った。ストレートな表現は避けられたが、結論は明白だった。終始熱心にメモをとっていた東条英機陸相は発言したという。「日露戦争で勝てる

近衛文麿内閣

とは思わなかった。しかし、勝ったのであります。戦というものは、計画通りにいかない」。そう強調しながら、最後に付け加えた。

「なお、この机上演習の経過を、諸君は軽はずみに口外してはならぬ」

底力見せる米国 追いつめられる日本
1941年開戦「真珠湾で米国民がひとつに」

「米国は巨大なボイラーのようなものだ。その下に火がたかれると、無限の力が作り出される」(エドワード・グレイ、第一次世界大戦時の英外相)

米国には孤立主義の伝統がある。1941年であっても、平和を求める機運は強かった。国内にはドイツやイタリアからの移民が多く、両国と交戦するソ連は共産主義国家だった。議会では1年期限の徴兵法の延長法案が通過したが、わずかに1票差だった。イギリス、中華民国を援助する民主党・ルーズベルト外交への批判は強く、ホワイトハウス前では反戦運動家がピケを張っていたという。

真珠湾攻撃について、ピュリツァー賞作家で歴史家のバーバラ・タックマンは指摘する。「日本人は米国民を一つとなし、国を挙げて戦争にかりたてうるたった一つのことをした」。イギリス、オランダ、フランスの植民地への攻撃ならば、米国を戦争に引き込むことにはならなかっただろう、と。そのことを日本人が理解できなかったことは「愚行の要素となる文化的無知とも呼べるもののせいだった」とみる。

ルーズベルト大統領の3選を記念する戦車パレード

「日本人は自分たちの基準で米国を判断して、米国政府はいつでも好きなときに自国を戦争に駆り立てられると思い込んだ」

「大ばくちに賭けた」

「この衝動はあらがいがたい支配の夢、壮大な自負、貪欲に発していた」

第3章 真珠湾攻撃は米国を砕いたのか？

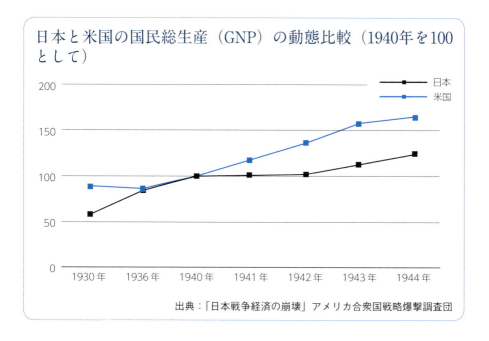

出典：「日本戦争経済の崩壊」アメリカ合衆国戦略爆撃調査団

「目を覚ました巨大なボイラー」

　無謀な対米宣戦に踏み切った原因の一つとして、タックマンは日本の文官たちが軍部に譲歩してしまったことを挙げた。「どんな征服でもできそうに思われるファシスト権力の壮大な気分」に陥った日本人は現状維持で満足することができず、「身分不相応な野心の囚われ人」になっていた。

　領土への直接攻撃を受け、「巨大なボイラー」は目を覚ました。太平洋艦隊が壊滅しても、フィリピンを失陥しても、「リメンバー・パールハーバー」が国民を鼓舞した。1944年の国民総生産（GNP）で、日本は1940年比1.24倍の成長を達成した。ところが、米国は1940年比1.65倍に急拡大。国際政治のリアリズムによって、各国は次々と連合国陣営に参じた。日本は世界の孤児となる。終戦時には世界52カ国（政権未承認国含む）が大日本帝国に宣戦布告・国交断交していた。

69

世界の孤児の日本 増え続けていった交戦・断交国

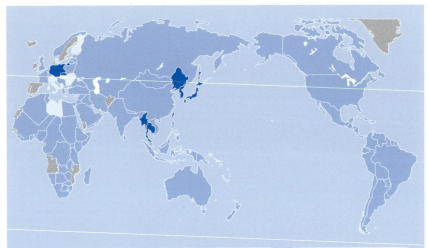

1941(昭和16)年
- 12月8日　アメリカ
　　　　　イギリス
　　　　　オーストラリア
　　　　　ニュージーランド
　　　　　カナダ
　　　　　南アフリカ連邦
　　　　　コロンビア※
　　　　　コスタリカ
　　　　　ドミニカ
　　　　　ニカラグア
　　　　　グアテマラ
　　　　　ホンジュラス
- 12月9日　パナマ
　　　　　エルサルバドル
　　　　　ハイチ
　　　　　キューバ
- 12月10日　オランダ
- 12月20日　ベルギー

1942(昭和17)年
- 5月22日　メキシコ

1943(昭和18)年
- 1月17日　イラク
- 12月4日　ボリビア

1944(昭和19)年
- 1月27日　リベリア
- 9月22日　フィンランド×
- 10月31日　ルーマニア×
- 11月7日　ブルガリア×

政権未承認国
- 中華民国(重慶政権)
- フランス(ドゴール政権)
- ユーゴスラビア
- ポーランド
- エチオピア
- チェコスロバキア
- イタリア(バドリオ政権)

1945(昭和20)年
- 2月9日　エクアドル
- 2月12日　ペルー
- 2月13日　パラグアイ
- 2月14日　ベネズエラ
- 2月22日　ウルグアイ
- 2月23日　トルコ
- 2月26日　エジプトシリア
- 2月27日　レバノン
- 2月28日　イラン
- 3月1日　サウジアラビア
- 3月27日　アルゼンチン
- 4月12日　スペイン×
　　　　　チリ
- 5月23日　デンマーク×
- 6月6日　ブラジル
- 6月26日　ギリシャ
- 7月11日　ノルウェー
- 8月9日　ソビエト連邦
　　　　　モンゴル

※日付は宣戦布告日／×は断交。日付は断交日
出典：外務省外交資料館

チャーチル、真珠湾に興奮
「我々は勝った」

　欧州時間の12月7日日曜日。真珠湾攻撃の知らせを受けたその晩の思いをイギリス首相ウィンストン・チャーチルは記す。

　「かくして、われわれはついにその戦争に勝ってしまった。(中略) ヒトラーの運命は定まった。ムッソリーニの運命は定まった。日本人に到っては、みじんに砕かれるであろう」

　「東においてえらいめに遭うことを予想した。が、そういうことはみな束の間の一様相にすぎぬであろう。(中略) 多くの大不幸、測り知れぬ犠牲と苦難は前途に横たわっていたが、結末についてはもはや疑いはなかった」

　「満身これ感激と興奮という状態で私は床につき、救われて感謝に満ちた者の眠りを眠った」

五百旗頭真さんインタビュー

日米開戦
政治の未熟が招いた真珠湾

　真珠湾攻撃という選択肢しか、日本にはなかったのか。元防衛大学校長で、歴史家の五百旗頭真さんに聞いた。

五百旗頭真（いおきべ・まこと）

兵庫県西宮市生まれ。京都大法学部卒。神戸大教授、防衛大学校長などを経て、熊本県立大学理事長、公益財団法人「ひょうご震災記念21世紀研究機構」理事長。サントリー学芸賞などを受賞。文化功労者。

　日本が真珠湾攻撃に踏み切った1941年12月8日、それは欧州の東部戦線でドイツ軍によるモスクワ攻略の失敗が明らかになった直後でした。近代戦の要は首都攻略です。これにより、ソ連が早期降伏する見込みはなくなり、ドイツは対イギリスの西部戦線も抱え、第一次世界大戦と同様に「二正面作戦」に陥った。日本はドイツ、イタリアと三国軍事同盟（1940年9月）を締結することで、米国やイギリスをけん制しようとしましたが、頼みの綱のドイツが致命的な敗北を被ったわけです。

歴史に「もしも」はありません。しかし、ドイツ敗退との戦況が対米開戦の決定前に伝われば、日本政府にどのような影響を与えたでしょうか。その場合、日本は「スペイン・オプション」を歩むことになったと思います。スペインのフランコ政権は内戦でドイツとイタリアの支援を受けたにもかかわらず、枢軸国側での参戦を見送りました。スペインは戦禍、敗戦を免れ、フランコの死（1975年）を経て民主化へと向かいます。もし日本が「真珠湾」を決断しなければ、この「スペイン・オプション」を選ぶことになったと思います。参戦していない強国日本を両陣営が味方にしたいと考え、日本は有利な立場を得たことでしょう。

　戦争を回避するチャンスはぎりぎりまでありました。1941年11月26日のハル・ノート（米国の対日文書。日本軍の中国からの撤兵などを要求した）について、日本政府は米国政府が最後通牒（つうちょう）を突きつけてきたと判断しました。その時、親英米派の吉田茂（当時は外務省待命大使）が人を介し、東郷茂徳外相に意見具申をしました。「あなたは薩摩の末裔（まつえい）だろう。大久保利通らが築いた国を滅ぼす気か」「ハル・ノートは言い値だ。これをたたき台にすればむしろ、交渉を継続できる」。そして、外相辞任も考慮すべきだと極言します。政変となれば東条内閣は厳冬になる前に対米開戦する機会を失います。しかもドイツの敗退を知ることになります。

　しかし、東郷はとどまりました。広田弘毅（元首相、外相）の「後任には軍国主義者が選ばれるかもしれない。（開戦後の）講和交渉のためにも、辞任すべきではない」との助言を重視したからです。東郷は外相就任（1941年10月）以来、軍部を相手に非常に頑張っていたと思います。自身の努力で日米暫定協定の成立を期待していただけに、ハル・ノートにはがっくりときてしまった。

　日米交渉を振り返れば南部仏印進駐（1941年7月）を決定したことによって、破局を招いたと思います。決定を聞いた幣原喜重郎（当時は元外相、戦後に首相）が衝撃を受け、首相の近衛文麿に「天皇陛下にお願いして、取り消しせよとの命令を出してもらえ」と忠告しました。それは近衛にとって「今さらできない」ことだった。幣原の危惧したとおり、米国は石油の対日全面禁輸で応じます。近衛は聡明（そうめい）な才子でしたが、政治的に本能化した判断力を欠いていた。運命の女神には前髪しかないと言われますが、近衛は重大な瞬間には安易に見送り、後になって挽回しようとして空回りを繰り返します。軍の先を行くこと（「先手

論」）で、主導権をとり、威信を高めようとしました。しかし、それは結局のところお先棒を担いだだけの結果に終わりました。

　米国、イギリス、中国、オランダの「ABCD包囲陣」によって、日本は追い詰められたとの日本被害者論があります。見当違いも甚だしい。日本が経済制裁を受けるようになったのは、中国への軍事的侵略を繰り返していたからです。「暴支膺懲(ぼうしようちよう)」などと暴言して。ルーズベルト（米大統領）が日本を戦争に引きずり込んだとの陰謀論もあります。仮にそうだとしたら、日本はまんまと引っかかったことになる。自らの未熟さ、間抜けさを認めたようなものです。国家指導者の資格はありません。国際政治とは「力の体系」であり、「利益の体系」であり、「価値の体系」です。甘いものではない。自身の行動が招いた結果責任を引き受ける「覚悟」が政治指導者には必要です。

　真珠湾攻撃を立案した山本五十六は若き駐米武官時代にミシガンやテキサスの工業・油田地帯を視察し、米国の国力を承知していた。海軍次官として日独伊三国軍事同盟に反対しながら、連合艦隊司令長官になると国の決定の下で、軍人として最善を尽くそうとした。しかし、真珠湾で米国の士気をくじくことはできませんでした。山本が期待したように緒戦で圧勝したからと言って、米国は早期講和などに応じるはずもなかった。かえって、リメンバー・パールハーバーと燃え

日独伊三国同盟祝賀会での松岡外相

上がった。

　唯我独尊の軍人を作り出してしまった旧軍の反省に立って、自衛隊幹部が「広い視野・科学的思考・豊かな人間性」を培うよう防大教育を展開し、また「シビリアンコントロール」(文民統制)を徹底してきました。防衛大学校資料館内に設置した槇智雄初代学校長の記念室には「服従の誇り」という言葉が掲げられています。それは国民と政府に対する服従を意味しています。戦争を始めるのも、戦争を終わらせるのも、政治です。

　それを前提としたうえで、今、日本は自衛隊を究極手段として21世紀の多重化した安全保障に立ち向かおうとしています。日本の領土をうかがう外国も脅威ですが、大災害も国民の生存にとって脅威です。さまざまなレベルの脅威から国と国民を守るには軍と民の入り交じった努力が必要となっています。最終的に自衛隊がしっかりと働けるよう、研究と訓練を積まねばなりません。

第4章

欲しがらずに勝てたのか？
―国民生活圧迫、
子供の平均身長が縮んだ

大森、荏原の都民配給用の大根輸送電車

1936年2月26日、「昭和維新」を旗印に陸軍の一部部隊が決起した。「2・26事件」と呼ばれるこのクーデター未遂事件で、政府閣僚らが惨死。日本は軍国主義の道を突き進んでいく。政府・軍部は銃後の国民を総力戦体制に総動員。戦艦大和に象徴される軍需増強の一方で、民需における品不足と物価高が国民生活を困窮させた。その影響は育ち盛りの子供たちの体格に象徴的に表れる。戦前と比べ、敗戦後には、全年代の平均身長がマイナス。日本の近代史上初めてのことだった。なぜ、子供の背は最大6センチも縮んだのか。データをひもといてみた。

14歳男子の身長マイナス6センチ
児童の欠食問題が深刻に

　明治憲法下で、日本国籍を有する男子は満20歳になる年、徴兵検査が義務づけられた。検査では身体検査、健康診断などを実施し、身長152センチ以上かつ、健康上大きな問題がなければ「甲種」合格となる。問題があれば「第一乙種」「第二乙種」となり、ここまでが兵役に適すとされた。その下に虚弱体質、弱視、難聴などの「丙種」、四肢不自由、精神疾患などの「丁種」、判定留保の「戊種」があった。

終戦後も空腹を訴える子供たち（1946年）

　太平洋戦争が始まる前の1939年、この152センチは14歳男児の平均身長でもあった。だが、物資欠乏と食糧不足に悩まされた戦前・戦中期、政府・軍部は肉体的低下に気づいていた。

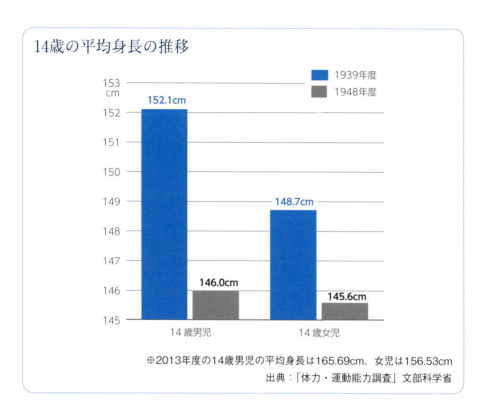

平均体重もほとんどの年齢層で減少

　国民の健康福祉の維持・増進は国力に直結する。良質な兵員と労働者を供給する「健兵健民政策」を進めるうえで、特に「少国民」と呼ばれる子供たちの発育状態を管理することは欠かせなかった。

　富国強兵を進めた明治政府は1888（明治21）年に早くも、直轄学校での身体検査を開始した。12年後には初の全国規模での調査を実施し、1920（大正9）年には旧文部省が「学生生徒児童身体検査規程」を制定している。太平洋戦争の開戦間近の1939（昭和14）年まで、毎年4月に全学校での定期身体検査を続けた。

　この記録からは皮肉にも、戦争が子供たちに与えた悪影響が明らかになってくる。それによると、昭和期の男子・女子（6〜18歳）の平均身長の伸びは、「2・26

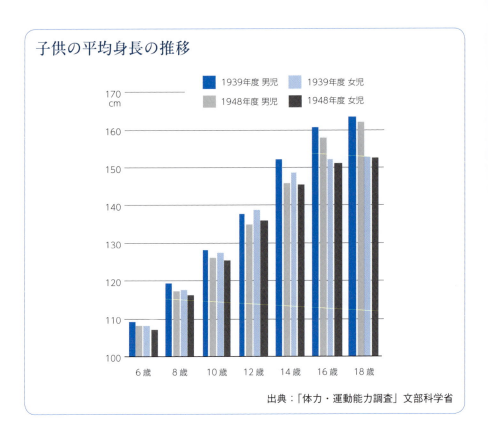

事件」(1936年2月)の発生直後の1936年度までは上昇傾向にあったが、日中戦争が始まった1937年度以降はほぼ頭打ちとなってしまう。

　顕著に表れたのは14歳男子の平均身長だった。戦前最後となった1939年度検査で、その平均身長は152.1センチ。1936年度に比べ、0.5センチ低下している。さらに、戦後最初の検査である1948年度調査では146.0センチに。太平洋戦争をまたいで、実に6.1センチも縮んでしまったことになる。140センチ台は大正期のレベルに相当する。

　平均身長の低下現象は多少の差はあるが、男女を問わず、全年齢層で起きていた。当然のことながら、平均体重もほとんどの年齢層で減少。14歳男子では1939年度の43.6キロから、1948年度は38.9キロへと、4.7キロもやせてしまった。

戦争末期の食料
1日1,400キロカロリー 現代の半分

　こうした子供たちの身体虚弱化を招いた原因は、もちろん全般的な食料事情の悪化にあった。戦禍を逃れて集団疎開した子供たちの1日のエネルギー摂取量について、近現代史研究家の故・鳥居民氏は各国民学校、女子栄養学園などの疎開記録を基に推定。戦争末期には1日当たり1,300～1,400キロカロリーしか取れていなかったとみている。

集団疎開時の献立　群馬県大胡町（当時）に1945年4月から滞在した女子栄養学園の例

	朝	昼	夕
献立	ご飯（コメ110g） みそ汁（みそ30g、わかめ3g）	ご飯（コメ110g） 小松菜みそ煮 　（小松菜200g、みそ13g） たくあん（15g）	ご飯（コメ110g） 小松菜（300g） 身欠きニシン煮付け 　（身欠きニシン15g、しょうゆ22g）
栄養価	タンパク質43g／熱量1336キロカロリー		

　当時と食習慣は異なるが、現代の子供たちのエネルギー必要量を厚生労働省が算出している。「日本人の食事摂取基準」（2010年版）によると、

現代のエネルギー必要量

	男　子	女　子
8、9歳	1,800キロカロリー	1,700キロカロリー
10、11歳	2,250キロカロリー	2,000キロカロリー
12～14歳	2,500キロカロリー	2,250キロカロリー
15～17歳	2,750キロカロリー	22.50キロカロリー

――となっている。

　コメといっても、今日のような白米ではなかった。1943年以降の配給米はぬかを半分残した「5分づき米」となり、やがては玄米に変わった。米飯どころか、コーリャン（モロコシの中国名）と切り干しのみそ汁、あるいはふかし芋に牛乳1本――という食事もたびたびあったという。

食事抜きの児童、空腹を恐れ体操、遠足を欠席

「昼食を持参する者は激減」「持参する者も少量にして、小型の弁当箱を用いる者が漸増」「弁当持参者も朝食を摂らずに登校する者あり」

　ひもじさは集団疎開の前から、既に始まっていた。太平洋戦争が始まり半年にもならない1942年3月。経済犯罪を取り締まっていた国の検事局は、主食であるコメ不足の状況を調査する過程で、「欠食児童」の現状を報告書にまとめた。大阪、横浜、長崎、京都、富山の国民学校を抽出調査したものだ。

国民学校欠食児童調査（1942年）

	大阪	横浜	長崎	京都	富山
2食を欠くもの	－	1%	－	－	－
1食を欠くもの	3%	4%	3%	4%	2%
時々欠食するもの	－	－	5%	－	－
代用食併食（粥食等含む）	大部分	75%	86%	81%	70%
時々食するもの	12%	－	－	－	－
欲するままに食するもの	50%	－	－	－	－
杯数を限定せられたるもの	50%	－	－	35%	－
大食を禁ぜられたるもの	－	－	－	60%	－
盛り切りで渡さるるもの	10%	－	－	－	－
肉、卵等を食せざるもの	－	72%	－	－	－

※ 空欄（－）は未調査／出典：検事局調べ

　すべての学校で、食事を抜かざるをえない子供が発生し、コメではなく、代用の粥、パンなどですませることが恒常化していた。報告書は他人の弁当を盗んだり、イモ畑を荒らしたりするなどの事件が頻発したと警告。主因はコメ不足であり、「朝礼訓示の際、体操の時間などに昏倒する」「空腹を恐れ、体操、作業、遠足などを欠席する」児童が増加傾向にあったという。

　「健全なる第二国民たるべき発育盛りの児童の体位の低下は（中略）国家的社会的問題として憂慮すべき状況にあるものの如し」

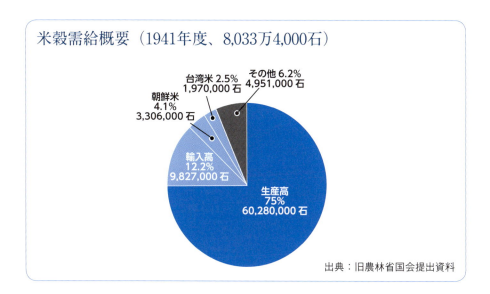

米穀需給概要（1941年度、8,033万4,000石）
- 台湾米 2.5% 1,970,000石
- その他 6.2% 4,951,000石
- 朝鮮米 4.1% 3,306,000石
- 輸入高 12.2% 9,827,000石
- 生産高 75% 60,280,000石

出典：旧農林省国会提出資料

　国家機構の官僚主義は国民の総動員という観点から、未来の兵士・労働者である「少国民」の貧弱化を認識していた。

　直木賞を受賞した自伝的短編小説「火垂るの墓」（1967年）で、野坂昭如氏は戦災孤児の14歳の兄と4歳の妹が、栄養失調で死んでいく姿を描いた。

　神戸大空襲2カ月後の1945年8月、兄妹が住まいとした横穴での一場面――。

　"髪をまとめると、あらためて眼窩のくぼみが目立つ。節子はなに思ったか、手近かの石ころ二つ拾い、「兄ちゃん、どうぞ」「なんや」「御飯や。お茶もほしい？」急に元気よく「それからおからたいたんもあげましょうね」ままごとのように、土くれ石をならべ、「どうぞ、お上り、食べへんのん？」"（新潮文庫「アメリカひじき・火垂るの墓」所収「火垂るの墓」より）

コメ輸入国だった戦前日本 戦争激化で供給量先細り
安価の外米流通で東北の農村の苦境招く

　主食であるコメでさえ、戦前の日本は輸入に頼っていた。明治維新以降の近代化の進展とともに人口が増加。このため、明治後期には東南アジア、インドなどの外

米「南京米」の輸入が始まった。大正期には台湾、朝鮮を安定的な生産地とすべく、日本は植民地経営における農業政策を強化した。特に台湾では、日本の「うるち米」を改良し、新品種「蓬萊米」を開発したほどだった。

食糧を海外に依存することは、しかし、国内の農業にとっては負の影響をもたらしかねない。朝鮮・台湾産米の価格は国内産より2、3割安かった。都市住民は価格低下という恩恵を享受し、日本の食卓における白米食の一般化につながった。一方で、国内の農業は価格競争にさらされ、特に東北地方の農村は困窮を深めた。餓死、娘の身売り、都市への人口流入など、近代日本の矛盾をさらけ出し、「2・26事件」をはじめとする社会の不安定化を招いた。

シーレーン攻撃で南方のコメ輸送計画破綻

太平洋戦争に突入すると、日本の政府・軍部は石油などと同じく、戦略物資であるコメを南方の資源地域で確保しようともくろむ。日本と満州、中国、フィリピン、英領マレーなどの占領地におけるコメの不足量を計約200万トンと試算。一方で、世界的な3大生産地（ビルマ、タイ、仏領インドシナ）の余剰量は計約548万トンと見積もった。「大東亜共栄圏」というブロック経済のなかで、約350万トンの余剰米を確保。食糧難にあえいでいた日本国民と全アジア地域に散らばった皇軍に十分、供給できるとみた。

しかし、軍国主義者によるご都合主義の経済計画は簡単に破綻する。日本は占領地での農業政策に失敗。さらには、連合国の潜水艦を中心とするシーレーンへの攻撃で、輸送船団は壊滅。3大生産地からの1944年のコメの輸入量は7万3,900トン。開戦1年目の1941年に比べ、約5.1％に減少してしまった。日本列島は潜水艦、機雷、機動部隊などで封鎖され、朝鮮、台湾からの輸入米も途絶するようになる。

国内の農林水産物 生産効率の低下止まらず

国内のコメの生産効率は低下するばかりだった。重化学工業を軍需優先としたため、農業用肥料の生産は後回しにされた。1944年の肥料生産（窒素とリン酸合計）

第4章 欲しがらずに勝てたのか？

米穀海外依存率

出典：旧農林省国会提出資料

は1940年比で19.7％に激減。単位当たりの収穫量は減少し、1945年には前年比約68.4％に下がった。

　生産効率の低下はコメだけでなく、農林水産業全般に表れた。コメ不足を補うためのたんぱく源として、イカを中心とした魚介類が期待される。しかし、ここでも優先されるべきは軍事。戦況の悪化とともに捕鯨船などの比較的大型の漁船は輸送任務などに充てられ、中小型の漁船であっても、海軍の警戒船などに徴用された。漁に出るには重油が不足しており、さらには連合軍の攻撃を受ける危険があった。終戦の年の1945年2月25日、福島県江名町（現いわき市）で、サメ漁に従事していた漁船30隻が航空機の機銃掃射を受け、131人が死亡したという。

モノ不足は全分野に 高騰する物価
民需品の生産制限、軍需工場に転換

　不足したのは食糧だけではなかった。戦争遂行の役に立たない、戦時下の生活に

出典：旧農林省国会提出資料

ふさわしくないと判断した民需品について、政府は次々と生産を制限した。1942年5月には国家総動員法に基づき、企業整備令を公布。商業・民需部門の中小企業を中心に整理を進めた。特に綿糸紡績、製紙、羊毛工業は、3割を閉鎖・休止させ、2割を軍需工場に転換させたという。1943年には鉄鋼、石炭、軽金属、船舶、航空機の5業種を重要産業に指定。繊維・食品（油脂、製粉、ビール）、肥料産業などから転換させた。

　この物資統制が招いたのは急激なインフレーションだった。市場に流通しなくなれば、当然、物の値段は上がる。全国小売物価指数（商工省調べ）は日中開戦の1937年を境に右上がりの急カーブを描き、日米開戦後の1942年には総合指数で1929年に比べて74.4％増にまで上昇する。さらに増大する軍事支出に充てるため、政府は租税の増徴と公債の発行を強化。公債は日銀引き受けで消化され、通貨は膨張し、インフレをさらに促進させた。

目減りする実質賃金 増税の追い打ち

　政府は1939年に価格等統制令（9.18停止令）、賃金臨時措置令などを公布。インフレによる物価騰貴を抑えるため、食料品などを除いた価格を同年9月18日時点に据え置き、賃金の凍結などを強制した。しかし、物不足が解消されなければ、抜本的な解決にはならなかった。軍需産業の増強による労働時間の増加などで賃金は上昇したが、それを物価の上昇が上回ったため、実質賃金は減少するばかりだった。

　これに戦費を捻出するための増税が追い打ちをかける。政府は1940年に所得税の源泉徴収を開始するなど、収税を強化。健康福祉の充実を名目に社会保険料を増加させた。それだけでは足りず、公債を消化するために給与に応じた強制貯蓄を実施。こうした課税と貯蓄が国民総所得額中に占める比率は、1944年に61.4％に。1936年の12％に比べると約5倍にもなり、戦争遂行のため国が国民の所得さえも吸い上げていた構図を示している。

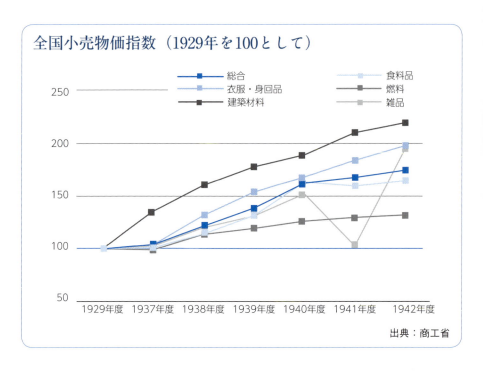

その日の稼ぎを全額貯金する「一日戦死の日」

「我らの貯金が、弾丸となり、爆弾となり、魚雷となって敵を屠ってくれるのだ。十二月八日の感激を新しく思い起こそう！　国民貯蓄奨励局」

貯蓄奨励ポスター

旧大蔵省は1938年から、国民貯蓄増加目標を設定。1942年度には、目標額として総額230億円を掲げた。国民1人当たりでは月18円余り。しかし、当時の低所得者層は月100円（5人家族）で生活しており、国民の生活実態をほとんど顧みていなかったことが分かる。「暮らしの中の太平洋戦争」（山中恒著）によると、「一日戦死の日」も設けられた。1日戦死したつもりで、その日の稼ぎを全額貯金することが奨励されたという。

経済統制をはかる政府 はびこる闇取引
配給がスタート　コメは4分の3に削減

　国民の消費生活をコントロールしようと、政府は配給制を始め、指定物資ごとに配給割当量を取り決めた。主食のコメについては1941年4月に6大都市（東京、大阪、名古屋、京都、神戸、横浜）を皮切りとし、11〜60歳は1人1日当たり2合3勺（330グラム）に制限。従来の平均消費量3合（450グラム）の約4分の3に人為的に削減することで、主食を海外に依存しない戦時体制の強化を目指した。

食料切符による主な配給品（東京市）

品　名	開始時期	割当量など
砂糖	40年6月	1人0.6斤（約360グラム、15人まで）
マッチ		2カ月　小型1箱（1〜6人）/ 大型1箱（7人以上）
育児用乳製品	40年11月	粉乳3缶 乳12缶（生後1カ月未満）/ 粉乳4缶 乳16缶（1〜2カ月）/ 粉乳5缶 乳20缶（2〜6カ月）
コメ	41年4月	1日 120グラム（数え年1〜5歳）/ 200グラム（同6〜10歳）　330グラム（同11〜60歳）/ 300グラム（同61歳以上） ※ほかに外食券あり
小麦粉		50匁（家族1人）/ 100匁（2、3人）/ 150匁（4〜7人）/ 200匁（8〜15人）
酒類		酒4合（1世帯当たり）/ ビール2、ないし、4本（1世帯当たり）
燃料		家庭用木炭、豆炭、穴あき練炭
食用油	41年6月	3カ月 2合（1人）/ 3合（2、3人）/ 5合（4〜7人）
卵	41年10月	1個（2人当たり）
魚	41年11月	1日 丸30匁、切り身20匁（1人当たり）
菓子	41年12月	1カ月 2袋=30銭（2歳以下）/ 30〜60銭（3歳以上）
塩	42年1月	1カ月 200グラム（1人当たり）
しょうゆ	42年2月	1カ月 3合7勺（1人当たり）＝約660CC
みそ		1カ月 183匁（1人当たり）＝約670グラム
パン	42年5月	1カ月 1食（妊産婦・幼児）＝菓子パン3個
青果	42年11月	60〜70匁（1人当たり）

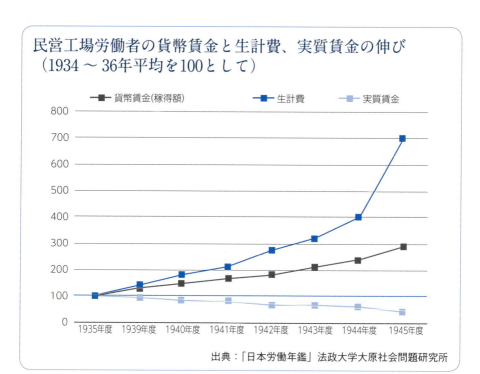

出典:「日本労働年鑑」法政大学大原社会問題研究所

足りない配給 出勤せず仕事しない人が増加

　配給だけでは当然ながら、従来通りの生活を維持することは難しかった。1942年3月作成の検事局の報告書は、事態の深刻さを具体的に記している。横浜大岡警察署が、所管する計1万421戸について、10日分の配給米の消費動向を調査したところ、6割超の6,599戸が10日ももたずに全量を食べ尽くしてしまっていた。神奈川県下の某工場では出勤率が1941年11月に90％、1942年2月に84％と低下傾向に。大部分がコメ不足によるものだった。

　この報告書は

・就業嫌忌
・残業忌避

・退職希望者

が漸増しており、徴用した職工においては逃亡する例もあると強調。「生産拡充の能率低下の兆候萌し其の影響は憂慮に耐へず」「労働者並其の家族の間に於ける不安より生ずる不平不満は漸時飽和状態に達せんとしつつある」。農家への買い出しのため、欠勤するものもあったという。

闇取引がまん延するのは当然だった。1944年上半期において、政府が定めた公定価格（配給価格）に比べ、闇値はコメが東京、大阪で約33倍、砂糖が東京で約38倍、大阪で45倍にもなっていた。そのため、生産出荷組合職員による横流し、町会職員による配給券の偽造、配送段階での荷抜きなども続発した。農家は配給用に農産物を供出していたが、闇値が政府の買い入れ価格をはるかに上回ったため、隠匿行為が相次いだ。都会での食糧不足に拍車がかかり、闇取引がさらに横行するという悪循環にも陥った。

1944年上半期における東京・大阪闇価格比較

	公定価格	東京	大阪
配給精米 一升	0.450	15.000	15.000
砂糖 一斤	0.400	15.360	18.000
鶏卵 一個	0.065	0.500	0.500
牛肉 百匁	1.600	5.000	8.000
里芋 百匁	0.085	0.500	0.250
ウナギ 百匁	0.700	4.000	1.000

出典：司法省刑事局

「国賊」経済事件が戦時中に激増

「国賊的行為」として、当局は闇取引を厳重に取り締まった。しかし、経済事件（価格等統制令、繊維製品配給消費統制規則、食糧管理法などの違反容疑）は太平洋戦争期に急増。検事局の受理人数は1943年度には全国計16万5,945人に達している。地域別の上位は

1	東　京	2万 203人	6	静　岡	4,916人
2	大　阪	1万3,058人	7	千　葉	4,757人
3	名古屋	8,416人	8	長　野	4,673人
4	神　戸	8,351人	9	広　島	4,590人
5	福　岡	5,213人	10	熊　本	4,235人

——だった。

　政府は1944年2月に「決戦非常措置要綱」を閣議決定。「時局の突破のためには、国民生活を徹底的に簡素化し、第一線将兵の困難欠乏を偲び、如何なる生活にも耐うる覚悟を固めしむ」と布告し、国民に耐乏生活を呼びかけた。一方で、国民の間では軍人勅諭のフレーズ「一つ、軍人は忠節を尽すを本分とすべし」をもじり、「一つ、庶民は要領をもって本分とすべし」という言葉がはやったという。

ものはなくとも、大和魂でのりきれ！
「国民精神総動員運動」とは

　「平素勉めて宴会等に於ても贅沢な食物を避け腹八分主義にして居ります。又酒は和洋を問わずビール等一切絶対に口にしません」

　質素倹約的な自身の生活信条を語ったのは誰あろう、戦前既に世界に知られた洋画家、藤田嗣治だった。掲載されたのは「国民精神総動員運動」（精動運動）の機関紙。同じ洋画家の東郷青児、陸軍大将の宇垣一成、林銑十郎らが国民の体力向上の参考として、健康法を披露した。（井上寿一著『理想だらけの戦時下日本』）

　精動運動とは何か。それは戦争遂行のため、国民を一致団結させる官製運動だった。日中開戦直後の1937年8月24日に第1次近衛文麿内閣が実施要綱を閣議決定。「日本精神の発揚」を掲げ、翌月には「不動の精神の鍛錬」「必勝の信念の堅持」を実践事項に決めた。10月には中央連盟が発足。「八紘一宇」「挙国一致」「堅忍持久」をスローガンに、精動運動は国民生活の隅々に容喙していく。

　スポーツ大会、ラジオ体操、早起きの励行、徒歩通勤・通学の奨励……。精動運動において、心身の鍛錬は国民の義務となっていく。当然のこととして、精神主義の中心に置かれたのは「現人神」だった。あらゆるイベントで、宮城（皇居）への遥拝と君が代斉唱、日の丸掲揚が行われる。白米に梅干し一つの「日の丸弁当」も

第4章 欲しがらずに勝てたのか？

経済事件の受理人数

- 1938 (7-12): 11,294
- 1939: 28,637
- 1940: 127,761
- 1941: 129,110
- 1942: 142,152
- 1943: 165,945

出典：司法省刑事局

1942年11月27日
東京日日新聞朝刊

登場した。10銭の昼食代を半分に節約し、残りを戦地に送ろう——。皇軍への感謝と、日常生活の自省自戒のためとされた。

　一方で、政府の食料不足に対する懸念は強まるばかりだった。1939年に白米禁止令を公布し、7分づき（種皮、胚芽、ぬかの7割を除去）以上のコメの販売を禁止した。これに精動運動も同調し、1940年には「節米運動」を開始。雑穀米などを食べるように求めた。前述の機関紙でも、健康の秘訣は「成るたけ白米を食せざること」（尾崎行雄・衆議院議員）とする記事が掲載されている。戦時下では「日の丸弁当」でさえ、ぜいたく品となってしまう。

93

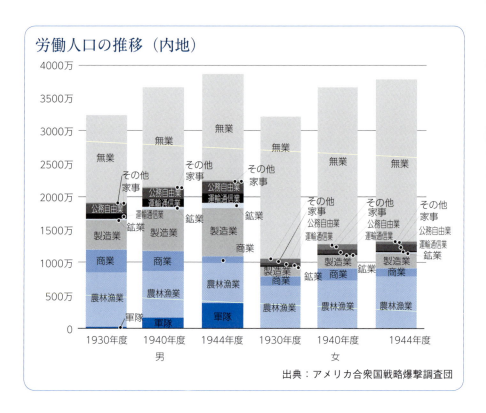

労働人口の推移（内地）

出典：アメリカ合衆国戦略爆撃調査団

　精動運動だけが、国民を国家総動員体制に駆り立てたわけではなかった。家庭の主婦を動員した「国防婦人会」「愛国婦人会」は前線兵士に「千人針」「慰問袋」を送るだけでなく、華美と見なした髪形、ファッションなどを取り締まった。1940年には新政治体制強化のため、近衛文麿首相を総裁に政府補助組織「大政翼賛会」が発足。既に5〜10戸を1単位とする隣保組織「隣組」も制度化されている。隣組を通し、配給が行われることもあった。そのため、国民はいやが応でも組織化されていった。

　作家の永井荷風は1941年12月12日の日記に記している。

　「十二月十二日。開戦布告と共に街上電車その他到処に掲示せられし広告文を見るに、屠れ英米我らの敵だ進め一億火の玉だとあり。或人戯にこれをもじりむかし英米我らの師困る億兆火の車とかきて路傍の共同便処内に貼りしといふ。現代人

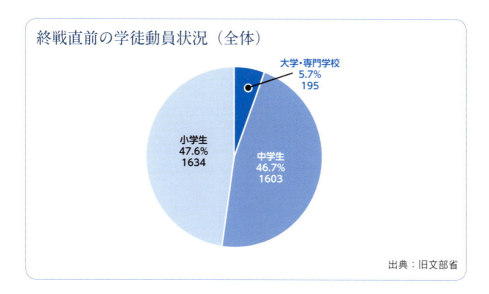

のつくる広告文には鉄だ力だ国力だ何だかだとダの字にて調子を取るくせあり。寔にこれ駄句駄字といふべし」(岩波文庫「摘録 断腸亭日乗(下)」より)

徴兵が拡大 働き手を失った工場、農村
子供、女性を生産現場に根こそぎ動員

　国力の限界を無視した戦線の拡大と戦況の悪化で、日本はいびつな国家総動員体制に追い込まれていた。軍部は兵力を必要とし、1943年に徴兵年齢は19〜45歳に拡大。赤紙(召集令状)で、銃後の一般男性を次々と兵営に送り込んだ。働き手を失った農村、工場などには子供や女性らが根こそぎ動員されたが、生産性は当然のように低下した。

　この労働力の移動について、終戦直後に「アメリカ合衆国戦略爆撃調査団」が日本政府の国勢調査報告などを基にまとめている。それによると、主に軍需産業と直接の関係が薄い分野(農林漁業、商業)から、軍事動員が進められたことが分かる。対照的に製造業は増加しており、軍需優先の戦時体制の一端がうかがえる。

女子勤労挺身隊 44年には強制加入に

　不足する労働力を補うため、子供と女性を中心とした勤労動員が行われた。既に1941年には国民勤労報国協力令が公布され、動員のために中学・高校の修業年限が1年短縮される。1943年には学徒戦時動員体制確立要綱が閣議決定され、1944年には学徒動員令で中学校2年生以上、国民学校高等科生徒にも動員がかけられた。女子未婚無業者を対象に1943年に結成された女子勤労挺身隊は、1944年には強制加入となった。

　旧厚生省の調査によると、終戦時には戦争遂行上必要な産業に

- 動員学徒　192万7,379人
- 女子挺身隊　47万2,573人
- 集団移入朝鮮人　32万2,890人
- 集団移入中国人　3万4,000人

——などが動員されていた。

学徒動員の主力は16歳以下の子供たち

　そして、動員学徒の主力は16歳以下の子供たちだった。旧文部省の調査では、終戦直前の1945年7月の学徒動員数は343万2,000人。そのうちの約94％、計323万7,000人を占めている。部門別では軍需生産は中学校（16～12歳）、食料生産は国民学校（14～12歳）の割合が高く、計画的に作業形態に応じた配分を行ったとみられる。子供たちは十分な食料配給を受けないまま、総力戦遂行の一翼を担わされた。

白米はぜいたく品、日本中がイモ畑に
「戦時下のレシピ」トンボ、ゲンゴロウまで料理に

　主食のコメについては量はもちろん、質が低下していた。配給開始時は7分づき

第4章 欲しがらずに勝てたのか？

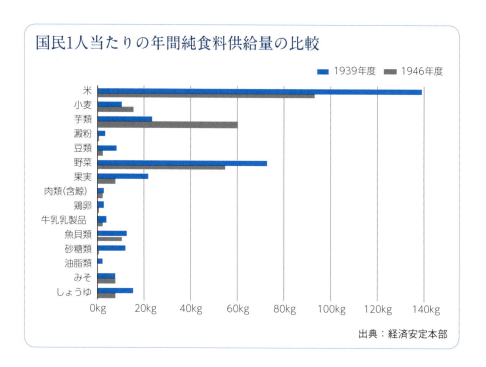

米（ぬか部分を7割除去）だったが、1943年には5分づき米、やがては玄米に変わった。1942年夏には主食の代用食として、麦や、麦の加工品が加わり、乾パン、トウモロコシ、サツマイモ、ジャガイモ、大豆なども主食扱いとなる。多くの国民にとって、白米は目にすることさえできないぜいたく品だった。日本中がイモ畑となっていく。

文芸評論家の斎藤美奈子さんは自著「戦下のレシピ」で、当時の料理本などを紹介。もはや「レシピ」などと呼べるものではなく、絶望的な食糧難を生き延びるための「サバイバル読本」に近いと説明した。

コメの調理法は大根の葉、イモのつるなどと共に煮込んだ雑炊が基本。配給は途切れがちとあって、食い延ばしに力点が置かれるようになり、干しイモが主食となった。栽培に手間がかからないカボチャは実を主食とし、種はナッツやゴマの代用、花は酢の物、わたの部分は砂糖の代用にするなど完全活用した。乾燥大豆、麦、雑穀類などは粉にひき、水だんごとした。

臭みや苦みをごまかすため、婦人雑誌には代用調味料、手作りソースのレシピが

掲載された。「食べられる野草」「決戦食生活工夫集」などのマニュアル本の出版も盛んに。野菜や雑草はもちろん、ゲンゴロウや、ヘビトンボの幼虫、クロスズメバチの幼虫やさなぎなど、昆虫の食べ方も載っていたという。

戦時中の料理について、斎藤さんは特徴を列挙している。

- ・食材の量は不足し、質は劣悪
- ・増量目的に粉末化・液状化するので、食感・歯ごたえがない
- ・調味料が不足し、味がない
- ・燃料が制限されて、半端に生ぬるい

国民は食べ物がないのに重労働を課せられ、空襲による睡眠不足もあった。「加えて精神的な重圧感。『欲しがりません勝つまでは』『ぜいたくは敵だ』といった標語の前では、我慢が当たり前だった。表だった批判は出きず、隣組の目が光っているから勝手な振る舞いも許されない」。斎藤さんは記している。

民家のごみ箱を調べた東条英機陸軍大将

宰相・東条英機陸軍大将が自ら、民家のごみ箱を調べたことが戦時中に国民の話題になったという。

一国の指導者がなぜ、そんなことをしたのか？

馬上視察の東条英機陸軍大将

秘書官の赤松貞雄陸軍大佐らの問いかけに対し、規定通りの配給がなされているかどうか、魚の骨や野菜の芯などを確認したかったと東条は答えた。「配給担当者も注意し、さらに努力してくれると思ったからである。それにお上におかせられても、末端の国民の生活について大変心配しておられたからであった」

実際に骨や芯は見つかったのだろうか。国民は結局、飢餓を免れることはできなかった。

ドナルド・キーンさんインタビュー

戦後70年
今も続いている国民への忍耐押しつけ

　お国のために我慢すること、お国のために死ぬことが、日本の伝統なのだろうか。若き日に「源氏物語」と出合った感動を抱き続け、日本国籍を取得した日本文学研究者のドナルド・キーンさんに聞いた。

鬼怒鳴門（きーん・どなるど）
ニューヨーク市ブルックリン生まれ。東日本大震災後の2012年に日本国籍を取得した。菊池寛賞、毎日出版文化賞など受賞。02年に文化功労者、08年に文化勲章を受けた。米コロンビア大名誉教授。

　米国海軍の日本語将校として、太平洋戦争に従軍しました。武器は取りたくなかった。だから、語学の能力を生かそうと思ったのです。1943年2月に海軍日本語学校を卒業し、日本軍から押収した文書の翻訳任務に就きます。ある日、小さな黒い手帳の山に行き当たりました。同僚たちは避けていた。なぜか。悪臭が立ちこめていたからです。それは死んだ日本兵たちが所持していた日記でした。血痕がついていたんです。軍事機密が漏えいする恐れがあることから、米軍は兵士が日記をつけることを禁止していました。日本軍は違いました。部下が愛国的か

どうか、上官が検閲する目的があったのでしょう。

　「軍紀旺盛なり」。部隊が内地にいるころはまだ、勇ましい言葉で埋まっています。ただし、やがては南洋の最前線に送られる。輸送船団の隣の船が突然、雷撃を受ける。乗船していた部隊もろとも、海の藻くずとなる。戦争の現実に日記の調子が変わってきます。上陸したガダルカナル島（1942年8月〜43年2月の戦いで日本兵約2万800人が戦病死）はもちろん、南の楽園ではなかった。食糧はない、水はない。マラリアは流行する。米軍の爆撃は激しい。覚悟したのでしょう。最後のページに英語でつづっているものもありました。「戦争が終わったら、これを家族に届けてほしい」
　我々と同じ人間なんだ。戦時プロパガンダが伝えるような「狂信的な野蛮人」などではないのだ。胸を打たれました。従軍前はコロンビア大学で日本人教授（故・角田柳作氏）に師事し、日本の文化を学んでいました。それでも、中国大陸における日本軍の蛮行を聞くにつれ、日本は怖い国だと思うようになっていました。それが皮肉にも、自分が戦争に参加することによって、一般の日本人を知った。心から、彼らに同情しました。日本文学において、日記は一つの伝統的なジャンルを形作っています。平安朝の昔から、優れた日記文学が残されています。しかし、無名の日本兵たちが残した日記ほど、感動的なものはめったにありません。

　最初の玉砕となったアッツ島の戦い（1943年5月）に参加し、手りゅう弾を胸で破裂させて自決した日本兵の遺体を目にしました。沖縄戦（1945年3〜6月）では乗船した輸送船をめがけ、特攻機が突入してきました。なぜ、日本人は死を選ぶのか。ハワイ・真珠湾に設けられた捕虜収容所で出会ったのは、文学、映画、音楽を愛する日本人たちでした。彼らのためにレコード鑑賞会を開いたとき、敵も味方もなかった。ところが、そんな彼らは「日本には帰れない」という。ホノルルのハワイ大学の図書館で、日露戦争の資料を探し回りました。実はロシア軍の捕虜になった日本軍将兵は数多かった。それを教えたかった。「俺は将校だから、ロシア軍将校と同じようにウオッカを飲ませろ」などと要求したケースもあったそうです。

捕虜になることは恥——などということは軍部が強要した大うそです。戦争なのだから、命のやり取りは仕方がありません。しかし、相手に敬意を払うことはできる。能「敦盛」で源氏方の武将、熊谷直実は平氏の武将を一騎打ちで組み伏せるが、元服間もない自分の息子と変わらぬ若さと知り、見逃そうとしました。なんと、人間的でしょうか。味方が押し寄せてきたために熊谷は仕方がなく、敦盛を討ち取ります。その後に出家し、菩提を弔うことを選ぶことになります。

　熊谷のような心を持たず、ひたすらに敵を殺すことを誇ることは、本当に恐ろしいことです。京都には（豊臣秀吉の朝鮮出兵で）切り落とした敵の耳を埋めた「耳塚」が残っています。これが武士ですか。「源氏物語」に魅了されたのは、そこに日本の美しさがあふれていたからです。西洋の英雄物語の主人公たちと違い、光源氏は武勇をもって、女性たちに愛されたわけではありません。彼が活躍した平安朝期にはたったの一人も、死刑になっていません。憲法9条を改正すべきだとの主張があります。現行憲法は米国の押しつけであると。しかし、忘れてはいませんか。この戦後70年間、日本は一人の戦死者も出さなかったではないですか。それならば男女平等だって、土地改革だって、押しつけではないですか。

八百屋の店先で、野菜も配給になった

改めるべきなのですか。

　政府と軍部は都合良く、日本人の美徳である我慢強さを利用しました。作家の高見順（1907〜65年）は昭和20（1945）年の日記で「焼跡で涙ひとつ見せず、雄々しくけなげに立ち働いている」国民の姿を記しました。彼は敗北であっても、戦争の終結を望んでいました。戦争指導者は国民に愛情を持っているのだろうかと疑っていました。何やら、東日本大震災（2011年3月11日）に重なるものがあるように思えてなりません。あれほどの地震と津波に見舞われながら、互いに助け合う日本人の姿に世界が感動しました。けれども、国民は理不尽に忍耐を押し付けられてはいないでしょうか。

　杜甫（712〜770年）の有名な詩「国破れて山河あり」について、松尾芭蕉（1644〜1694年）は反論しています。山も河も崩れ、埋まることもあるではないか。それでも残るのは人間の言葉である、と。終戦直後の日本文学も言論統制が解かれ、一つの黄金期を迎えました。谷崎潤一郎、川端康成らに加え、三島由紀夫、安部公房などの新しい才能が咲き誇ります。

　東日本大震災の福島原発事故では放射能によって、国土の一部が汚染されてしまいました。しかし、国民の半数が反対しているにもかかわらず、世界中を震撼させた事故がまるでなかったかのように、原発再稼働の動きは進んでいます。戦後70年を迎え、言葉の力が再び試されています。

第5章

戦艦大和は不沈艦だったのか？
―沖縄海上特攻、最後の戦果は撃墜3機

呉海軍工廠でぎ装中の戦艦・大和

沖縄を目指した戦艦大和が1945年4月7日、九州・坊ノ岬沖で航空攻撃を受け、乗員2,740人と共に撃沈された。上空直援のない裸艦隊の出撃は無謀でしかなかったが、メンツにこだわった海軍は「一億総特攻の先駆け」とうそぶいた。この海上特攻作戦で、巨大戦艦が撃墜したとされる敵機はわずかに3機。就役後3年半足らずの生涯のうち、世界最大の46センチ主砲が敵戦艦に火を噴くことはついになかった。国家予算の4%強の建造費をつぎ込み、大艦巨砲主義の誇大妄想が生んだリバイアサン。大東亜共栄圏を夢見た日本の象徴は、無敵の"不沈艦"だったのか。データをひもといてみた。

米軍編隊、効果的に大和を挟撃
1分間に13本の魚雷投下し次々命中

　海軍の公式記録である「軍艦大和戦闘詳報」(1945年4月20日作成)によると、第1遊撃部隊による沖縄突入の海上特攻作戦で、戦艦大和が上げた戦果は撃墜3機、撃破20機とされている。戦訓として、同詳報は米軍機の被弾・防火対策がほぼ完全だったと指摘。「機銃弾は相当命中し火を発するもの多数ありしも間もなく消火し　撃墜に至らざりしもの極めて多かりき」(一部略、原文はカタカナ)という。

　米軍はまた、戦闘機・爆撃機・雷撃機を組み合わせた対艦攻撃法に習熟していた。編隊は高性能の機上レーダーに誘導され、敵艦隊上空に到達。各機は高周波無線機を搭載しており、戦闘空域にいる機上の「攻撃調整官」がタイミングを計り、効果的に攻撃目標を振り分けた。直援機のない水上艦艇にとって、同時多方向からの統制された攻撃を回避し続けることは難しかった。

　戦史研究家の原勝洋氏は戦例として、第84雷撃機中隊(空母バンカーヒル所属)の記録を挙げる。計14機が小隊ごとの5編隊に分かれ、大和の左舷側を3編隊、右舷側を2編隊が個別に挟撃。わずか1分ほどの間に13本の魚雷を投下し、計9本の命中を報告した(報告に重複があったと思われる)。これは日本艦隊に対する第2次空襲

（4月7日12時57分〜13時27分）の一部で、同時に参加した第84戦闘機中隊も通常爆弾14発の投下、ロケット弾112発の発射の記録を残している。

情報戦で既に敗れていた日本艦隊

　日本艦隊は情報戦の段階で、既に敗れていた。海上特攻作戦は突然に決まったため、物資補給に関する交信などが急増。米軍は暗号を解読（通称「マジック情報」）し、その意図を4月5日には察知されてしまった。6日15時20分の出撃直後には豊後水道で、哨戒中の米潜水艦2隻に発見される。
　「大和出撃」の報に米第5艦隊のスプルーアンス大将は、第54任務部隊（旧式戦艦10隻など）に迎撃準備を命令した。しかし、第58任務部隊（正規空母7隻など）のミッチャー中将は戦艦に対する絶対的優位性を証明するため、独断での航空攻撃を決意した。大和が引き返すことを恐れ、潜水艦に攻撃禁止を命じたという。

大和側死者3,721人、米軍は12人

　7日12時34分、大和は主砲による対空射撃を開始。3次にわたる空襲を受け、約2時間後の14時23分に転覆した。損害には諸説あり、「軍艦大和戦闘詳報」は魚雷10本、爆弾6発とする。第1遊撃部隊（戦艦1、軽巡洋艦1、駆逐艦8）の残存艦は駆逐

大和最後の出撃航路

徳山 4/6 15:20 出撃
坊ノ岬
× 4/7 14:23 沈没
種子島
屋久島

艦4隻のみ。大和の2,740人を含め、計3,721人が戦死した。米軍は計367機が出撃。10機が撃墜され、戦死者は12人だった。

鈴木貫太郎"終戦内閣"組閣 戦局逼迫に「一同啞然」

小磯内閣の後を受け鈴木貫太郎内閣が誕生

4月7日の帝都・東京。4カ月後にはポツダム宣言を受諾する鈴木貫太郎内閣が組閣された。親任式後の控室で、閣僚らに海戦の結果が伝わってきたという。

「一同は、そこまで戦局が逼迫していたのかと啞然とした」

内閣書記官長（当時の官僚トップ、現在の内閣官房長官の前身）となった迫水久常氏は後に回想している。

「この戦艦大和沈没の悲報は、国民の間に大きな信頼を獲ち得ていただけに、これからの一つの使命を暗示しているように感じたのであった」

1933年、海軍軍縮派を一掃
「海軍無制限時代」に突入

「ワシントン海軍軍縮条約」（1922年）と後の「ロンドン海軍軍縮条約」（1930年）により、列強の海軍力には制限が加えられた。しかし、軍整備は天皇の大権に属するとして、「統帥権干犯問題」が政争化する。海軍内では国際協調路線の「条約派」に対し、強硬路線の「艦隊派」が反撃。1933年に大角岑生海相により、「条約派」の提督たちは一斉に予備役に編入されてしまった。この「大角人事」を経て、日本は軍縮条約を破棄。「ネイバル・ホリデー（海軍休日）」は終わり、世界の海軍は無制限時代に突入する。

大和型戦艦の建造について、海軍航空本部長の山本五十六、海軍省軍務局長の豊田副武らは反対を唱えたという。だが、帝国海軍は航空主兵論をしりぞけ、大艦巨砲主義を固守する。

大角岑生海相（1934年8月撮影）

大和1隻の建造費で何が買えたのか

大和型戦艦の2隻（大和、武蔵）は1937年の第3次海軍軍備充実計画（通称・マルサン計画）で、建造が決定された。1隻当たりの予算は1億1,759万円に上り、その年度の国の一般会計歳出（決算ベース）では約4.3％を占める。

これはどの程度の規模なのか。JR東海によるリニア中央新幹線（品川―名古屋）の土木工事費（駅舎、車両などを除く）は約4兆158億円。国の一般会計予算（2014年度計約95兆8,823億円）と比べると、約4.2％に相当する。感覚的には大和1隻の建造費用はほぼ、リニアの建設費に匹敵するといえよう。

この大和型戦艦2隻の予算要求に対する大蔵省査定において、海軍は"ごまかし"をした。すなわち、駆逐艦3隻と潜水艦1隻の予算を架空計上。大和型戦艦の建造費

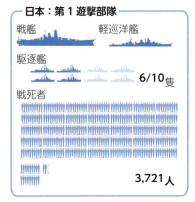

坊ノ岬沖海戦（4/6-7）日米両軍の損害比較

日本：第1遊撃部隊
戦艦　軽巡洋艦
駆逐艦
6/10隻
戦死者
3,721人

米国：第58任務部隊
航空機
10/367機
戦死者
12人

出典：「戦史叢書」など

は過少（3万5,000トン級戦艦並み）に見積もった。これは予算額から、実際の大きさ（6万4,000トン）を推察されることを避けるためだった。大和型戦艦の秘匿対策は徹底しており、艦載した世界最大の46センチ主砲は書類上は「九四式四十糎砲」と命名された。

「大和は昭和3大バカ査定の一つ」
貴重な国力を費やした巨大戦艦は、華々しい戦果を上げられずに水没した。

　1987年12月23日未明、東京・霞が関の大蔵省。88年度の政府予算大蔵原案の説明会の席上、整備新幹線計画（5線10兆円超）の採算性を批判する同省の田谷広明主計官はたとえ話をした。

　「昭和の3大バカ査定といわれるものがある。それは戦艦大和・武蔵、伊勢湾干拓、青函トンネルだ」「航空機時代が到来しているのに大艦巨砲主義で大和、武蔵をつくった」

第5章 戦艦大和は不沈艦だったのか？

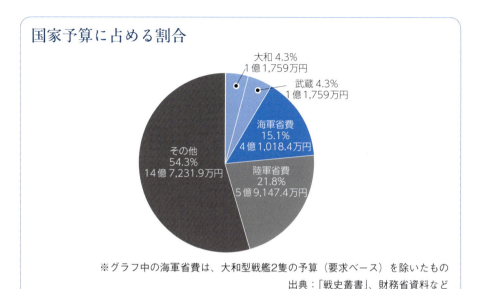

※グラフ中の海軍省費は、大和型戦艦2隻の予算（要求ベース）を除いたもの
出典：「戦史叢書」、財務省資料など

世界最大の主砲口径 46 センチにこだわり
敵国艦隊の「弱点」突くつもりが…

　なぜ、日本海軍は世界最大の砲口径46センチ（18インチ）にこだわったのか。それは仮想敵国の"弱点"に由来する。米海軍は太平洋と大西洋に分断されており、当時のスエズ運河の閘門幅は33.3メートルだった。通過するために艦の大きさが制限され、主砲の搭載能力に影響した。その最大値を日本海軍は40.8センチ（16インチ）と判断。当時の米英海軍の主力艦の砲口径も実際、その数値だった。これを上回ることで、建艦能力の差がもたらす数的な劣勢を補おうとした。大和型戦艦は相手の射程外からの「アウトレンジ」攻撃を期待し、同級戦艦の46センチ砲からの打撃にも耐えられるように耐弾防御を施す。

主砲の射撃は
　1　射撃データ入力
　2　斉射（一斉射撃）
　3　着弾観測

111

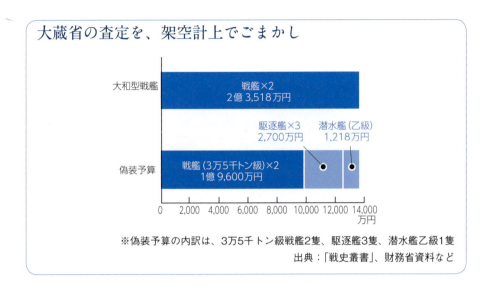

4　射撃データ修正
5　斉射

の繰り返しとなる。敵艦の前後を砲弾が包み込む「挟叉」を続けていくうちに、やがては命中弾を得られるようになる。しかし、敵艦は回避運動をとるかもしれない。自艦も動いている。風速、波浪などの自然条件も影響する。

　さらに46センチ砲を最大射程4万メートル超で射撃した場合、砲弾（1.46トン）が着弾するのは約90秒後。有効射程とされる2万〜3万メートルにおいても、30秒前後かかるという。敵艦の未来位置を予測し、命中させるには神業的と言える技量が要求された。

係留しているだけで燃料大食らい

　一方で、交戦時には、敵弾を回避するための操舵性能が要求される。大和型戦艦1番艦の大和は就役前の公試運転で、20ノットで転舵したところ、艦首が回頭を始めたのは約40秒後だった。最大速力27ノットでは約90秒後にもなった。基準排水量

6万4,000トンという巨大さは当然、機動性の低下をもたらした。空母が中心の高速機動部隊に追随するには速力が十分ではなく、艦隊運用は難しかった。燃費は1リットル当たり62センチ。航行しなくとも、港に停泊しているだけで自家発電用などに重油を消費した。ちなみに、より小さい長門級戦艦（3万2,720トン）でさえ、1日50トン消費したとされる。前時代的な大艦巨砲主義に基づいた大和型戦艦は就役後も、金食い虫だった。

連合艦隊は大和を温存。将兵は皮肉を込め、豪華装備の巨大戦艦を「大和ホテル」とあだ名した。

すでに終わっていた戦艦の時代
航空機、潜水艦の餌食に

太平洋戦争開戦劈頭の1941年12月10日、日本海軍基地航空隊は英東洋艦隊のZ部隊を壊滅させた。3時間足らずで、英戦艦「プリンス・オブ・ウェールズ」と巡洋戦艦「レパルス」を撃沈。「戦争の全期間を通じて、私はそれ以上の衝撃を受けたことがなかった」と英首相ウィンストン・チャーチルを涙に暮れさせた。

戦艦の消費燃料

長門級戦艦（3万2720トン）

50 トン/1日あたり = ×250本

＞

大和型戦艦（6万4000トン）

? トン/1日あたり

※ドラム缶1本200Lとして換算

　英海軍によるタラント空襲（1940年11月、伊戦艦3隻撃沈破）、日本海軍による真珠湾空襲（米戦艦4隻撃沈破）は港内に錨泊中の艦隊に対する攻撃だった。しかし、このマレー沖海戦では史上初めて、航行中の戦艦が航空攻撃のみで撃沈された。大和就役は6日後の1941年12月16日。既に戦艦の時代は終わっていた。

　欧州海域では独海軍の「ビスマルク」が英空母機の魚雷攻撃でかじを傷つけられたために航行の自由を失い、優勢な英戦艦隊に捕捉された。姉妹艦「ティルピッツ」はフィヨルド内に退避中、大型爆撃機からの特殊爆弾「トールボーイ」に転覆させられた。ソ連海軍「マラート」は独空軍ルーデル大佐の急降下爆撃を受け、大破着底。伊海軍「ローマ」は独空軍の誘導爆弾「フリッツX」のたった1発の命中で、轟沈してしまった。

マレー沖海戦で沈む英戦艦プリンス・オブ・ウェールズ

　真珠湾空襲の第1航空艦隊航空参謀などを務めた源田実（戦後に航空自衛隊航空幕僚長）は戦時中、大和型戦艦を揶揄したという。「ピラミッド、万里の長城と並び、大和と武蔵は『世界三大無駄』の一つだ」

第5章 戦艦大和は不沈艦だったのか？

戦艦大和の概要

全長	263m
最大幅	38.9m
公試排水量	69,100t
満載排水量	72,809t
重油搭載量	6,300t
航続距離	16ノットで7,200海里
速力	27ノット
基準排水量	64,000t
軸馬力	前進153,445馬力
乗員数	約2,500人（就役時）
主砲	45口径46cm3連装砲×3
副砲	55口径15.5cm 3連装砲×4
高角砲	12.7cm 2連装×6
機銃	25mm 3連装×8 / 13mm 連装×4
飛行機	水上偵察機・観測機×計6

日本海軍決戦の主力は戦艦

　時代の変化に順応したのは真珠湾で痛打された米海軍で、

・低速の旧型戦艦は陸上砲撃支援
・高速の新型戦艦は機動部隊護衛

と、戦艦に新たな役割を担わせた。日本機動部隊を率いた小沢治三郎中将は「敵の輪形陣（空母を中心とした隊形）を鉄壁としているのは、戦艦群である」と指摘する。味方航空機による上空直援があれば、戦艦は本来の打たれ強さを発揮できた。
　日本海軍はしかし、期待できる航空戦力を失っていた。艦隊決戦の主力は日露戦争の時代と変わらず、戦艦に担わせるしかなかった。1944年10月の一連のレイテ沖海戦で、日本海軍が喪失した戦艦は3隻。大和型2番艦の「武蔵」は空襲を受け、シブヤン海に沈んだ。史上最後の戦艦同士の砲撃戦が起き、扶桑型戦艦の「扶桑」と「山城」が夜間に米旧式戦艦6隻の待ち伏せを受け、全滅した。日本海軍はお家芸とした砲雷撃戦においても、新式レーダーを装備したうえに数的優勢に立った米海軍に敵し得なくなっていた。

▶第二次世界大戦中に海没した主な戦艦

ロイヤル・オーク[英]（排水量28,000トン）

艦隊根拠地の英スカパ・フローに停泊中、独海軍プリーン大尉のUボート「U47」の魚雷3本が命中した。

アドミラル・グラフ・シュペー[独]（排水量10,800トン）

本来は装甲艦。通称・ポケット戦艦。ラプラタ沖海戦で損傷し、ウルグアイ・モンテビデオ港で、英艦隊に包囲された。脱出を断念し、乗員は離艦。

コンテ・ディ・カブール[伊]（排水量27,726トン）

英機動部隊が地中海に面した伊海軍の拠点タラントを空襲。大破着底。浮揚されるも、戦後に解体処分。

フッド[英]（排水量42,670トン）

通商破壊作戦「ライン演習」に出撃した独艦隊を追撃。アイスランド沖のデンマーク海峡で、独艦隊ビスマルクの命中弾で弾薬庫が誘爆し、轟沈。生存者は3人。

ビスマルク[独]（排水量41,700トン）

複葉雷撃機「ソードフィッシュ」15機の魚雷2本が命中し、操舵装置が損傷。「キング・ジョージⅤ世」を含む英戦艦隊に包囲された。

アリゾナ[米]（排水量29,157トン）

日本海軍機動部隊による真珠湾空襲で、弾薬庫が爆発。戦後の1962年に沈没状態のまま、記念館がつくられた。

オクラホマ[米]（排水量26,115トン）

日本海軍機動部隊による真珠湾空襲で、横転。1943年に浮揚されたが、修理は断念された。44年9月退役。

レパルス[英]（排水量27,650トン）

正式には巡洋戦艦で、英東洋艦隊所属。日本海軍の「九六式陸攻」「一式陸攻」の航空攻撃を受け、撃沈された。

プリンス・オブ・ウェールズ[英]（排水量38,031トン）

東洋艦隊旗艦。ビスマルク追撃戦後、日本軍対策のために派遣された。大西洋憲章のための米英会談で、チャーチルの乗艦となった。

比叡[日]（排水量26,330トン）

いわゆる高速戦艦。ガダルカナル島への砲撃を企図（第3次ソロモン海戦）。重巡洋艦主力の米艦隊と遭遇し、かじを損傷。空襲も受けたため、放棄された。戦死188人。

霧島[日]（排水量26,330トン）

第3次ソロモン海戦において日本は比叡を失ったが、ガダルカナル島への増援を諦めず再度の飛行場砲撃を企図。今度は「ワシントン」「サウスダコタ」の新鋭2戦艦との砲撃戦になり、沈没した。6発以上被弾、戦死212人。

第5章 戦艦大和は不沈艦だったのか？

陸奥[日]（排水量32,720トン）

　広島湾沖の柱島泊地に停泊中、大爆発を起こした。「陸奥爆沈」の原因は不明。事故・事件説があり、小説などの主題にもなった。1,121人死亡。

ローマ[伊]（排水量43,835トン）

　イタリア降伏により、英領マルタ島へと回航されることになった。これを阻止しようと、独軍爆撃機「ドルニエDo217」が最新式の誘導爆弾を使用した。

シャルンホルスト[独]（排水量32,100トン）

　ソ連支援の輸送船団を攻撃するために出撃。ノルウェー北方の北岬沖海戦で、戦艦「デューク・オブ・ヨーク」を含む優勢な英艦隊と砲撃戦を行った。

武蔵[日]（排水量65,000トン）

　「捷一号作戦」で、姉妹艦「大和」と共に栗田健男中将率いる主力艦隊に加わった。シブヤン海で沈没するまでの被害は魚雷20本、爆弾16発ともされる。戦死1,200人。

扶桑[日]（排水量29,326トン）

米軍が上陸したレイテ湾への突入を意図した「捷一号作戦」に参加。スリガオ海峡で、米戦艦隊のT字攻撃にあった。右舷に魚雷2本以上命中。戦死1,350人。

山城[日]（排水量29,326トン）

「捷一号作戦」に参加。栗田艦隊に先行する西村祥治中将の旗艦となったが、姉妹艦「扶桑」の後を追った。魚雷2本命中。第2戦隊司令部が全滅、約1,660人戦死。

ティルピッツ[独]（排水量41,770トン）

「北海の孤独な女王」と呼ばれた。英海軍は存在自体を脅威ととらえ、小型潜水艦Xクラフトによる機雷攻撃、6トン爆弾「トールボーイ」投下などで、撃沈を図った。

金剛[日]（排水量26,330トン）

「捷一号作戦」が失敗し日本本土への帰港の途次、台湾海峡で魚雷2本を被雷した。英国製の金剛は艦齢30年以上と老朽化しており浸水に耐えられなかった。戦死

1,363人。

信濃[日]（排水量65,000トン）

　大和型戦艦3番艦。ミッドウェー海戦での敗戦を受け、航空母艦に改装された。横須賀から呉に回航中、魚雷4発が命中したという。完工後わずか10日だった。

グナイゼナウ[独]（排水量32,100トン）

　ヒトラー総統が大型艦廃棄を命令。備砲は陸揚げされ、廃艦となった。ソ連赤軍が迫るポーランド・ゴーテンハーフェンで閉塞船として、自沈処分された。

アドミラル・シェア[独]（排水量10,800トン）

　「アドミラル・グラフ・シュペー」の姉妹艦。通商破壊戦で大成功を収めるが、ロシア戦線が劣勢となると陸上支援の砲撃任務が主となった。キール軍港への大空襲時に被爆。

日向[日]（排水量29,990トン）

　後部砲塔を撤去し、航空戦艦に改装された。燃料不足のために呉軍港に係留。延べ1,747機もの米軍機による西日本地区への空襲時、小型爆弾約10発を受け、大破着底した。

伊勢[日] （排水量29,990トン）

　姉妹艦の「日向」と同様に係留。松の木を甲板上に立てるなどし、カムフラージュしていたという。燃料不足のために呉軍港に係留。直撃弾14発を受け、大破着底した。

榛名[日] （排水量26,330トン）

　金剛型高速戦艦4姉妹のうち、最後の1隻。「伊勢」「日向」と同様に係留されていた。直撃弾13発を受け、擱座(かくざ)した。解体され、鋼材に転用。

　日本の連合艦隊は戦艦10隻をもって、太平洋戦争に突入した。開戦後に就役した大和型2隻を含めると計12隻。4年足らずの戦いで、残存したのは1隻だけだった。その「長門」は1945年9月15日に艦籍を抹消され、大蔵省財務局の管理下に移された。46年7月1日。マーシャル群島ビキニ環礁での原爆実験で、「長門」は標的艦の1隻に使われた。呉軍港に擱座した戦艦3隻は47年までに解体され、各2,700〜4,400トンの貴重な鋼材を得ることができたという。

末期には、大和の廃艦を検討していたが…
昭和天皇「もう艦はないのか」で「海上特攻」へ

　戦艦大和を軍港に係留し、浮き砲台とする——。
　事実上の"大和廃艦"を大戦末期の1945年1月、日本海軍は検討していた。南方

油田地帯からの輸送ルートはほぼ途絶。「戦艦ヲ主トシテ燃料ノ見地ヨリ第二艦隊ヨリ除キ軍港防空艦トス」(「第二艦隊改編要領」)。この結果、第1戦隊(戦艦3隻)の「長門」は横須賀、「榛名」は呉に回航された。ところが、大和だけは残された。連合艦隊首席参謀の神重徳大佐は「大和ヲ旗艦」として、「第二艦隊ヲ特攻的ニ」使用したいとの意向を明らかにしたという。

1945年3月29日の東京・宮城。3日前に沖縄に上陸した米軍を迎撃する「天一号作戦」について、海軍軍令部総長の及川古志郎大将は昭和天皇に奏上した。航空機による特攻作戦を徹底的に実施するとの及川総長の説明に対し、天皇は「海軍にはもう艦はないのか。海上部隊はないのか」と下問したともされる。奏上の結果を伝達された連合艦隊司令長官の豊田副武大将は同日夜、緊急電報を発した。

「怖レ多キ御言葉ヲ拝シ、恐懼ニ耐ヘズ」「全将兵殊死奮戦誓ツテ聖慮ヲ安ンジ奉リ」「作戦ノ完遂ヲ期スベシ」

第1遊撃部隊(大和と第2水雷戦隊)には4月5日午後、出撃準備の命令を下した。豊田長官は再び、全軍に電報を発する。

「皇国ノ興廃ハ正ニ此ノ一挙ニアリ」「帝国海軍力ヲ此ノ一戦ニ結集シ光輝アル帝国海軍海上部隊ノ伝統ヲ発揮スルト共ニ其ノ栄光ヲ後昆ニ伝ヘントスルニ外ナラズ」「以テ皇国無窮ノ礎ヲ確立スベシ」(GF機密第〇六〇〇〇一番電)

目的地到達前に壊滅必至もメンツにこだわり

海上特攻は実施部隊の意向とは異なるものだった。第2水雷戦隊(古村啓蔵少将、旗艦は軽巡洋艦「矢矧」)の司令部は独自に検討を重ね、突入作戦が目的地到達前に壊滅することはほとんど必至との結論に達していた。4月3日には「水上部隊は兵器・弾薬・人員を陸揚げし、残りは浮き砲台とする」との案を第2艦隊司令部に意見具申。同意を得ていた。

しかし、出撃命令が先んじた。連合艦隊参謀長の草鹿龍之介中将が大和に出向

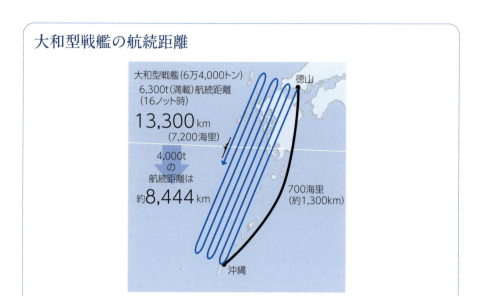

き、第2艦隊司令長官の伊藤整一中将の説得に当たる。「一億総特攻の魁となってほしい」。草鹿参謀長自身も海上特攻には否定的だったが、伊藤長官に懇請したという。

　第5航空艦隊司令長官の宇垣 纏 中将は独断で、出撃した第1遊撃部隊の上空直援（7日午前6～10時）を行った。大和沈没を記した7日付の日記。

伊藤整一中将

「全軍の士気を昂揚せんとして反りて悲惨なる結果を招き痛憤復讐の念を抱かしむる外何等得る処無き無暴の挙と云はずして何ぞや」

"大砲屋"である宇垣長官は、戦艦は野戦7個師団に相当するとし、大和も決戦のために保存すべきだったと指摘。昭和天皇の下問に「海軍の全兵力を使用する」と無思慮に奉答してしまい、無謀な海上特攻に至ったとして、及川総長を批判している。

第5章 戦艦大和は不沈艦だったのか？

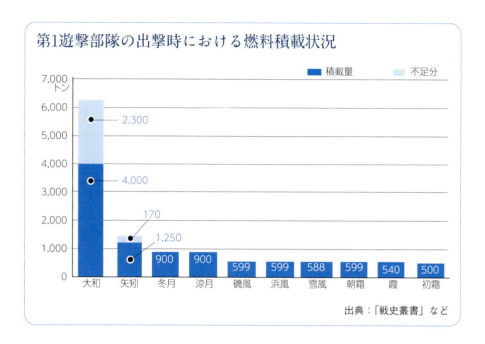

戦後、大和特攻を回想し、もう一人の海軍トップ、豊田長官は吐露した。「成功率は50パーセントはないだろう。うまくいったら奇跡だ、というくらいに判断したのだけれども……（後略）」

大和の真実 「片道燃料」はうそだった
タンクに6割以上の4,000トン搭載

　片道燃料での特攻出撃――。大和をめぐる「伝説」のなかでも、特に有名なものの一つだろう。事実は異なっていたようだ。確かに連合艦隊は第1遊撃部隊の搭載燃料を片道分の2,000トン以内とすることを指示（GF機密第〇六〇八二七番電）。しかし、連合艦隊参謀の小林儀作中佐は戦後に証言する。

　「呉のタンクは350万トンあったが、当時は大部分が空になっていた。しかし、タンクの底はおわんを伏せたように山型になっているので、両サイドには油がたまっている。武士の情を知らん様なことはできない。タンクの底の重油を集めれば約5

万トンの在庫があった。『緊急搭載であわてて積み過ぎた』ということにした」（一部抜粋）

　担当の呉鎮守府補給参謀の今井和夫中佐をはじめ、同鎮守府の参謀長や先任参謀、第2艦隊先任参謀の山本裕二大佐らも、承知していたという。この結果、第1遊撃部隊には計1万475トンが補給された。大和への割り当ては4,000トンで、燃料タンクの6割以上に達する。矢矧は1,250トン、駆逐艦は満載だった。

　元海軍軍令部員（中佐）の吉田俊雄氏によると、警戒や戦闘行動時には燃料消費量が急増するが、満載の3分の2の重油があれば往復は可能とみられる。沖縄への往路の5分の3で沈没した駆逐艦は、油を3、4割程度消費していたという。

「バカ野郎」激怒した大井参謀

　「人情美談といえばそうともいえる。（中略）しかし、お涙頂戴や武勇伝で戦略指導ができるものではない」。海上護衛総司令部参謀の大井篤大佐は指摘する。総司令部は島国日本のシーレーン防衛を担っていた。ところが大和の特攻に必要として、重油割当量7,000トンのうち約6割が割かれることになった。

　この重油は中国大陸からの物資輸送、日本海での対潜水艦哨戒に役立つはずだった。「大和隊に使う4,000トンは、一体、日本に何をもたらすのだろう」。4月5日付の豊田長官の訓示（前述）を連合艦隊参謀から聞き、大井大佐は激怒する。

　「国をあげての戦争に、水上部隊の伝統が何だ。水上部隊の栄光が何だ。バカ野郎」

46センチ主砲が火を噴いたのはたったの1回

　戦艦大和の46センチ砲が敵艦に火を噴いたのは、たったの1回だった。レイテ沖海戦におけるサマール沖海戦（1944年10月25日）で、主砲用1式徹甲弾104発、3式

通常弾6発を砲撃。戦艦「長門」「金剛」「榛名」、重巡洋艦「羽黒」「利根」などを含めた第1遊撃部隊（栗田健男中将）は合計1,300発以上を発射した。ただし、米海軍が失ったのは護衛空母「ガンビア・ベイ」と駆逐艦2隻、護衛駆逐艦1隻の4隻でしかなかった。このうち駆逐艦「ホエール」について、「日本戦艦戦史」（木俣滋郎著）は大和の副砲がとどめを刺したと記している。

宗教学者、山折哲雄さんインタビュー

大和撃沈70年
「小さきもの」を守れなかった巨大戦艦

日本人にとって、戦艦大和とはどのような存在なのか。"不沈戦艦"を生み出した天皇主権下の日本を「いびつな時代」という宗教学者の山折哲雄さんに聞いた。

山折哲雄（やまおり・てつお）

米サンフランシスコ生まれ。東北大学文学部印度哲学科卒。国立歴史民俗博物館教授、国際日本文化研究センター所長などを歴任する。2002年和辻哲郎文化賞受賞

　戦艦大和とは日本そのものでした。大和という国土を象徴し、大和という民族を象徴していたからです。世界で最大最強の不沈戦艦だった。だからこそ、最初の朝廷が置かれた奈良の古代名が与えられたというわけです。大和という言葉は、日本人そのものの源流につながっている。「敷島の大和心を人問はば、朝日に匂ふ山桜花」と、本居宣長は詠みました。大和という言葉を耳にして、日本人は何がしか自己の根拠にふれた感情を抱かざるをえない。1隻の戦艦としての存在をそれは超えていた。海戦の主役が航空機となっても、日本海軍の象徴であり

続けたというわけです。どうも、富士山との共通性を感じますね。古来、日本人は山を神とあがめてきました。その中心が富士山でした。巡洋艦や駆逐艦を従えて海上を突き進む戦艦大和の雄姿はまるで、富士山のように輝きそびえていたことでしょう。

「巨大なるもの」への根強い信仰が、日本人にはもともとあります。大和朝廷創成の記紀神話で、天照大神に「国譲り」をした大国主命(おおくにぬしのみこと)は非常に大きな神様でした。皇孫である聖武天皇は「国家鎮護」を祈り、大和の中心に当時最大の盧舎那大仏（東大寺）を祀(まつ)りました。ところが、そうした「巨大なるもの」の傍らに、「小さきもの」が存在していたことに注意しなければなりません。大国主命には少彦名命(すくなひこなのみこと)、そして盧舎那大仏には釈迦誕生仏です。

「巨大なるもの」をあがめる一方で、こうした「小さきもの」をいとおしみ、大事にするという心性です。たとえば一寸法師、桃太郎、瓜子姫などを例に挙げ、そうした日本人の特質を解き明かしたのが民俗学者の柳田国男でした。戦艦大和の場合はどうでしょうか。3,000人を数えた乗組員たちは、一人一人がまさにいとおしき「小さきもの」たちでした。しかし、「巨大なるもの」はついに彼らを守ることができなかった。時の軍事権力が国威発揚を担わせた不沈戦艦があっけなく、沈没してしまったからです。「大きなもの」と「小さきもの」との美しい均衡は戦争になっては崩壊せざるをえなかったということです。

わが国には「パクス・ヤポニカ（日本の平和）」と呼ばれるべき時代がありました。大きな戦争がなかった平安期の350年間と江戸期の250年間です。それは宗教的な権威と政治的権力が見事にバランスがとれていたため、実現しました。それが、天皇と藤原摂関家の関係であり、また天皇と徳川将軍家の二重構造でした。権威と権力が一つに集中することなく、社会のバランスが保たれていた。カトリックとプロテスタントの両派に皇帝・国王たちが入り乱れて世界を二分した西洋におけるような破滅的な宗教戦争は起きなかった。この日本の「パクス・ヤポニカ」の安定した状態が危機に陥るのはしばしば、強力な専制君主が現れたときです。承久の乱（1221年）を起こした後鳥羽、建武新政（1333年〜）を断行した後醍醐の時代がそれで、この時2人は権威だけでなく、権力を手に入れようと

しました。

　そして、明治天皇の時代がやってきます。維新後の天皇は国家神道の祭司長であり、近代憲法の主権者となった。世界は帝国主義の時代になっているということもあり、それに対応する独立国家としての西欧化が必要だった。しかし、この時1000年以上の間、根付いてきた「神仏習合」を否定したことは、破滅的な影響を与えました。

　当時の日本の支配層が西洋のような神道の一神教化を目指したということもあった。このことは日本人の美徳である異なる文明への寛容性を損ねることにもつながりました。かつての大和朝廷は中国の律令制度を導入しましたが、政治を混乱させる宦官（かんがん）制度は受け入れませんでした。自分の背丈に合わせ、制度や文物を受容してきたのです。その柔軟性が徐々に失われていったということです。西洋からは近代思想だけでなく、植民地思想も学んでいますが、「和魂洋才」と言いますか、そこに和の魂を一本通すことを忘ったといえるかもしれません。日本はその後、過度の集団主義へと傾斜していき、たとえ天皇が権力を振るわなくとも、天皇と一体化した政府・軍部が天皇の権威をかさに着て戦争の時代に入っていく。天皇を「玉」と呼び、まるで将棋の駒のように扱い操作する。

連合艦隊を訪れ、旗艦「武蔵」艦上で記念撮影に臨む天皇陛下

太平洋戦争における敗戦で、天皇権威と政治権力に分立する政治システムが回復されました。象徴天皇を軸とする平和国家がつくられた。しかし、この現行憲法の改正で、天皇を国家元首化しようとの主張が自民党から提出されております。これは非常に危険なことです。先進国の国家元首は米国大統領、フランス大統領はもちろん、英国国王でさえ、正式に就任するのに議会の承認が必要となっています。

　議会主義による代議員制度の下で、国民に選択権がある。ところが、日本では国民は議会を通して次の天皇を選ぶことはできないことになっています。この点を無視したまま天皇の元首化を認めると、まるで王権神授説の復活でもあるかのようなことになる。明治憲法のように天皇を国家元首にしてはならないのです。

　今、われわれは戦後70年の「パクス・ヤポニカ」の状態を否定するかのような難しい時代を迎えています。この時代を生きるためどうしたらよいか、さしあたり三つのことを示したいと思います。

　一つ、人間とは何か。

　二つ、日本人とは何か。

　三つ、自己とは何か。

　これらの問いを循環させながら問いつづけることで、現代の難しい問題の解決に向かって進んでいってほしいと思います。特に日本人としてのアイデンティティーだけを追求すれば、偏狭なナショナリズムに陥ってしまう。かつての大日本帝国は大和民族の優秀性を掲げてうぬぼれ、唯我独尊の「八紘一宇（はっこういちう）」を唱えました。それは先にいった平安期、江戸期の「パクス・ヤポニカ」の時代とは異なり、本来の日本のあり方を示すものではありませんでした。そのようないびつな時代にあって、それを象徴するようないびつな幻想の「不沈戦艦」が戦艦大和だったのではないでしょうか。

第6章

沖縄は「捨て石」だったのか？ ―本土決戦準備、近衛兵は芋を植えていた

白旗を持って投降する沖縄の少女

沖縄戦が事実上の終結を迎えたのは1945年6月23日だった。地上戦に巻き込まれ、死亡したとされる県民は約4人に1人。日本軍は本土決戦のための時間稼ぎと考え、沖縄を"捨て石"とした。しかし、皇土を死守するために編成された「決戦師団」の実態は武器、食糧が欠乏した二線級部隊。根こそぎ動員した国民義勇隊に大本営は一億総特攻を命じた。沖縄を犠牲とすることで、日本は勝利する可能性があったのか。データをひもといてみた。

本土決戦の準備の貧弱な実態
不足する兵員、新たに150万人徴兵・召集を画策

　皇軍は本土決戦を戦えるのか。沖縄戦が終結する直前の6月20日、大本営は「本土決戦根本義ノ徹底ニ関スル件」（陸軍参謀本部参謀次長名）を配下の第1、第2総軍に通達した。予想される米上陸軍に対し、参謀本部は水際での撃滅を企図していたが、肝心の第一線部隊が攻撃精神に欠けているため、持久戦を選択するのではないかと危惧。「絶大ナル闘魂ヲ振起シ犠牲ノ如何ヲ顧慮セズ徹頭徹尾決勝ノ一途ニ邁進ス」と奮起を促した。

　第一線部隊の戦備はしかし、悲惨な状況だった。既に大本営は1945年1月20日に「帝国陸海軍作戦計画大綱」を決定。千島、小笠原、沖縄は帝国の「前縁」として、本土決戦の外郭陣地に位置づけている。不足する戦力を補うために新たに150万人を徴兵・召集し、一般師団40個、混成旅団22個などの新設をもくろんだ。当然ながら、彼らには装備を与えなければならない。

銃にこめる弾がない、軍刀・銃剣さえ定数に達せず

　帝都・東京を中心とする関東地方の防衛は、第1総軍隷下の第12方面軍が担っていた。「戦史叢書」によると、この主力軍の装備充足率は1945年6月末現在、銃器50〜80％、機関銃60〜75％、車両類45〜90％にしか過ぎなかった。軍刀、銃剣でさえ、定数に達していない。小銃を持っていても、それに込める弾薬がなければ戦うことはできない。

市電のレールをはずして銃剣に　水筒は竹製

　さらに食糧が不足していた。陸軍省は公式命令（1945年1月26日、陸密第三〇一号）で、各部隊に自活のための食糧生産を指示。「適地適作主義ニ依リ自活率ノ飛躍的向上」に努力し、「兵業ノ要求ニ応スル不足分ヲ自ラ補足」することを求めた。第12方面軍では「禁闕（皇居の門）守護」の近衛第1師団でさえ、馬鈴薯（ジャガイモ）と甘藷（サツマイモ）を作付けした。牛20頭、豚210頭なども飼育していた。
　「銃剣は旭川市電のレールをはずし、国鉄旭川工場で作成したものを使用。小銃は七人に一銃程度、水筒も竹製といったありさま」。1945年2月に北海道で編成された第147師団の師団概史は記す。
　同師団は第52軍に所属し、房総半島の九十九里海岸に上陸するとみられた米軍に備えた。「護北師団」の異名をとったが、その実態は「全員特攻、体当たりを目標に急ぎ編成した感がなきにしもあらず」（第147師団概史）というもの。第52軍には軍靴が不足し、草鞋履きの部隊もあったという。
　房総半島には第52軍の計4個師団約6万1,000人もが駐屯。民間には食糧はもとより、寝具などの生活必需品の供出が求められた。「いつも腹をすかせた顔をし、時折民家に立ち寄っては食べ物をねだっていた」（続銚子市史）

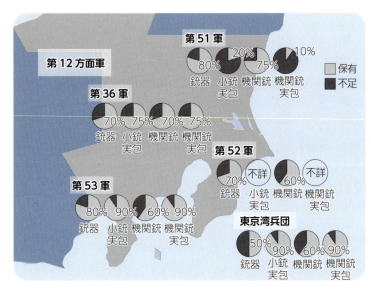

出典:「戦史叢書」

第12方面軍の主な食糧生産（1945年6月）

	主な農作物（主食代用・甘藷豆類・野菜ほか）	家畜（牛・豚・鶏ほか）
第36軍	―	1,868頭
第51軍	甘藷：約54町歩（作付け予定） 野菜：約18町歩（作付け予定）	760頭
第52軍	主食代用：324町歩（作付け予定） 野菜：74町歩（作付け完了）	1,137頭
第53軍	甘藷：約134万本（作付け完了） 野菜：4,800,150町歩（種まき完了）	444頭
東京湾兵団	甘藷豆類：2,500kg（収穫予定）	47頭（乳牛）
近衛第1師団	馬鈴薯・甘藷（収穫予定） 野菜：52,259kg	838頭
憲兵司令部	甘藷：70kg	192頭

※1町歩は0.99174ヘクタール
出典：戦史叢書

散らばる兵力、崩壊する皇軍
多正面作戦の泥沼にも 大本営は大ばくちの作戦継続

　開戦初期の電撃戦の成功は戦域を拡大させ、日本は軍事上避けなければならない多正面作戦の泥沼にはまっていた。陸軍兵力は太平洋、東南アジア、中国大陸の3方面に散らばり、さらにはソ連・極東軍に備えるために満州、朝鮮に有力な部隊を割いていた。

　攻勢の余裕がないにもかかわらず、大本営は1944年3月に「インパール作戦」(東南アジア・ビルマ)、同年4月には「大陸打通作戦」(中国) という一か八かのばくちを打つ。一方で、主戦場である太平洋では1944年6月、サイパン島に優勢な米軍が上陸。守備隊は多数の居留民を道連れに玉砕し、「絶対国防圏」の一角が破れた。

　1944年11月現在、陸軍の編成定員は398万1,000人。そのうちの約27%以上は太平洋方面だったが、中国は約19%、満州・朝鮮は約13%を占める。北方戦力の南方への配置転換が試みられるが、制海・制空権を失ったために難航した。

泥縄的な作戦指導、失われた沖縄の防衛戦力

　兵力を集中できなかったうえ、大本営の泥縄的な作戦指導が現地軍の足を引っ張った。米軍のフィリピン来寇を迎撃する「捷一号作戦」(レイテ決戦、1944年10月～) は直前の台湾沖航空戦の戦果を過大評価し、レイテ島を決戦場とすることに変更。土壇場になって、ルソン島での決戦を想定していた第14方面軍 (山下奉文大将) の計画を覆した。

　この影響で、沖縄防衛の第32軍 (牛島満中将) からは精鋭の第9師団が、手薄となった台湾に抽出させられる。大本営は一方で、

・日本本土兵力の不足
・海上輸送の危険

などを理由として、代わりとなる師団の沖縄派遣を中止。レイテ決戦に敗れ、次の戦場となることが予想されていたにもかかわらず、沖縄は防衛戦力を弱体化さ

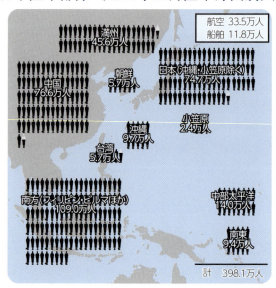

出典:「戦史叢書」

れ、「捨て石」となりつつあった。

　米軍の作戦は「飛び石」と呼ばれた。要塞化された日本軍の拠点は素通りし、攻略が必要になれば優勢な陸海軍戦力を集中投入。空母艦載機による空爆に加え、戦艦群を中心とした艦砲射撃は後の沖縄戦で「鉄の暴風」と形容されるほどの威力を発揮し、日本軍の防御陣地を上陸前に徹底的に破壊した。米軍を水際で迎え撃つか、上陸させた後に内陸に引きずり込むか。日本軍は終始、ジレンマにとらわれた。

制海・制空権を喪失、玉砕するしか道がなく

　「ランチェスターの法則」によれば、純粋に同等の戦力を保持する軍隊が衝突した場合、兵員の数が勝敗を決するという。陸軍統帥部は米軍は常に2〜5倍の陸上兵力を投入してくると分析。特に戦艦1隻当たりの艦砲射撃は日本軍5個師団、ある

第6章 沖縄は「捨て石」だったのか？

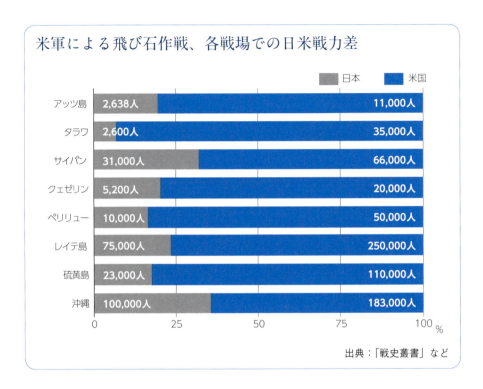

米軍による飛び石作戦、各戦場での日米戦力差

戦場	日本	米国
アッツ島	2,638人	11,000人
タラワ	2,600人	35,000人
サイパン	31,000人	66,000人
クェゼリン	5,200人	20,000人
ペリリュー	10,000人	50,000人
レイテ島	75,000人	250,000人
硫黄島	23,000人	110,000人
沖縄	100,000人	183,000人

出典：「戦史叢書」など

いは軽爆撃機1,250機に相当すると警戒した。ただし、太平洋での戦いでは制海・制空権を喪失すれば、増援部隊を送り込むこともできない。

　数でも劣る日本の現地部隊は降伏が許されない以上、玉砕するしかなかった。

米に封鎖される日本本土
米軍の「飢餓作戦」、沖縄への輸送支援を妨害

　すべては日本のアキレス腱である海上交通の壊滅に起因した。米軍は1945年3月から、日本本土に対する本格的な機雷封鎖「飢餓作戦」に乗り出している。1945年5月までの第1期作戦の主目的は日本軍による沖縄支援の妨害にあり、関門海峡、呉と佐世保などの軍港、港湾などが主目標。人員や軍需物資の沖縄への輸送を妨害した。

　沖縄の陥落が確実となると、九州が次の主要目標だった。大阪・兵庫への入り口でもある関門海峡には終戦直前の第5期作戦まで、計4,990個もの機雷が投下された。

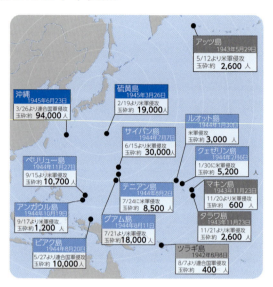

出典:「大きな地図で読み解く太平洋戦争のすべて」より一部抜粋

「海上護衛戦」(大井篤著)によると、既に5月上旬には日本は関門海峡での大型船の航行を中止。小型船であっても、平均で通過した3隻に1隻が沈没したという。

日本海にも米潜水艦が跋扈、17日間で27隻撃沈

「天皇の浴槽」と米海軍があだ名した日本海でさえ、米潜水艦が跋扈した。1945年6月上旬に特別編成部隊(9隻)が対馬海峡を突破し、侵入。1隻を喪失したが、17日間の作戦で日本の商船・徴用船計27隻(約5万4,000トン)を撃沈する。「飢餓作戦」もまた、日本海側と朝鮮半島の港湾をターゲットにし始めた。大陸・朝鮮半島からの物資輸送が途切れるのは時間の問題だった。

米機動部隊は1945年7月14、15日に北海道と本州北部を航空攻撃。船舶46隻(11万トン)と機帆船150隻を撃沈破する。特に青函連絡船の全滅(沈没8隻、大破3隻)

で、北海道からの石炭と農産物などの輸送が途絶。日本の戦争遂行能力にさらなる打撃となった。

米の高性能装備、科学戦ではお手上げの日本

米軍の機雷は

- 金属に反応する磁気式
- スクリュー音などに反応する音響式
- 船舶の航行による海水の変化に反応する水圧式

——などが巧妙に組み合わされていた。初回の触雷では爆発しないようにセッティ

汽船喪失の原因内訳（割合）

- 普通海難 4.9%
- その他 1.1%
- 触雷 6.7%
- 航空攻撃 30.8%
- 雷撃 56.5%

出典：「戦史叢書」

ングした機雷もあり、2、3隻が通過できたからといって、その海域が安全とは限らなかった。また、米軍の潜水艦は最新の機雷探知機（FMソナー）を搭載。日本が対馬海峡などに設けた機雷原を突破できた。

B29爆撃機から日本国土に投下された「抗戦を停止し母国を救へ」のビラ

「海上護衛戦」によると、日本海軍の海上護衛総司令部が捕獲した機雷を分析したところ、民間科学者たちは「こういう兵器を使われては策の施しようがない」と話したという。同司令部参謀の大井篤大佐は「ドイツは5月8日に無条件降伏したが、日本の科学戦も5月にはもう手をあげていた。何も8月の原子爆弾を待つまでもなかった」と記す。

迫る米軍、1億総特攻へ
本土で打撃与えれば有利な条件で講和できると判断

陸海軍はしかし、本土を戦場とする「決号作戦」にまい進した。米軍に大打撃を

第6章 沖縄は「捨て石」だったのか？

出典：「戦史叢書」

与えれば、有利な条件で講和できると独善的に判断した。沖縄失陥が確実となった1945年6月時点で、米軍の上陸時期を

・7、8月に九州・四国方面（輸送船約1,000隻20個師団）
・初秋以降に関東方面（同約2,000隻30〜40個師団）

と予想した。

　これに対する迎撃戦は人間爆弾「桜花」をはじめとする空中特攻を皮切りとし、洋上では人間魚雷「回天」、特攻艇「震洋」、海中からは潜水具「伏龍」による捨て身の自爆攻撃で、米軍の上陸前の漸減を企図した。上陸後は沿岸配備の「拘束部隊」が水際でくぎ付けにし、後方配備の「機動兵団」を突入させる。参謀本部の会合で、秦彦三郎参謀次長は語ったという。「本土上陸第一波の撃摧に失敗したら、その後の計画は不可能である。したがって持久戦はできぬ。絶対後のことは考え

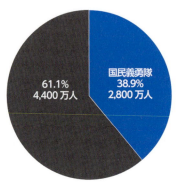

内地人口に占める国民義勇隊動員予定数の割合

国民義勇隊 38.9% 2,800万人

61.1% 4,400万人

出典：「日本本土決戦」など

ぬ。まず第一波撃摧に全力を傾注する」

　装備が質量共に劣れば、人海戦術に頼るしかなかった。とにかく、体当たりのための頭数が必要だ。1945年3月には「国民義勇隊」が結成された。6月に義勇兵役法を施行し、男は15～60歳、女は17～40歳の動員を決定。最終的には当時の内地人口約7,200万人のうち約39％、約2,800万人を部隊に編成する予定だった。同月にはさらに「軍事特別措置法」を公布し、国民の権利に制限を加えた。政府は必要があれば「土地、建物其の他の工作物又は物件を管理、使用又は収用」できることとなった。

ナチス・ドイツは本土決戦の末に降伏

　欧州では1945年5月8日、本土決戦の末にナチス・ドイツが降伏する。第三帝国は1,000年続くと豪語した総統ヒトラーは首都ベルリンでの徹底抗戦を貫いたあげく、ついに自決した。ほぼ全土が最前線となり、ナチスは「ヒトラー青年団（ユーゲント）」の少年たちはもとより、中高年、老人らも「国民突撃大隊（フォルクスシュトルム）」に編成し、戦場に投入し、撃ち放しの個人用簡易擲弾発射器（パンツァーファウスト）一つで、ロシアの重戦車に立ち向かわせた。敵前逃亡と見なせば親

衛隊などが特設法廷を開き、その場で銃殺、絞首刑に処していた。

九州と関東に上陸、米国の「ダウンフォール作戦」

　米国は日本本土上陸作戦を「ダウンフォール作戦」と命名した。統合参謀本部は1945年5月25日付で、陸海空軍を指揮するマッカーサー、ニミッツ、アーノルドの3将軍・提督に11月1日に九州上陸作戦（オリンピック計画）を実施するように命じた。同時に関東上陸作戦（コロネット計画）も計画され、日本本土においても、沖縄と同様の地上戦が展開されるはずだった。
日本陸軍参謀本部による冊子「国民抗戦必携」（1945年4月作成）は記す。

　　1．一億総特攻で、皇国を維持する
　　2．挺身斬り込みで敵を殺傷し、軍の作戦に協力する
　　3．必要な訓練は斬り込み、対戦車肉薄攻撃である

大本営「避難民を轢っ殺して迎撃せよ」
司馬遼太郎「沖縄は特殊状況ではなかった」

「轢っ殺してゆけ」

　作家の故・司馬遼太郎に対し、大本営からの説明者は昂然と言い切ったという。当時の司馬は陸軍戦車第1連隊の将校として、本土決戦のために北関東に駐屯していた。米上陸軍を迎撃するために南下する場合、北に逃げてくる避難民の交通整理はどうすればいいのか——。そんな疑問に対する返答だった。
自著「歴史と視点」で、司馬は続ける。

　「（国民を守るために）軍隊があり、戦争もしているというはずのものが、戦争遂行という至上目的もしくは至高思想が前面に出てくると、むしろ日本人を殺すということが論理的に正しくなる」

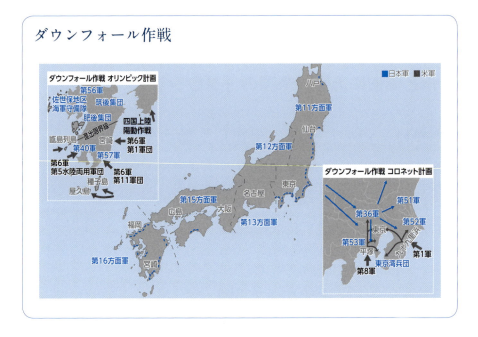

「沖縄戦において県民が軍隊に虐殺されたというのも、よくいわれているようにあれが沖縄における特殊状況だったとどうにもおもえないのである」

本土決戦があれば相模湾でも、同じことが起こっていたに違いないと司馬は考えていた。

よく知られている戦車将校・司馬のエピソードとして、日本の主力戦車の品質劣化に関する体験談がある。戦前製造の九七式中戦車の砲塔にヤスリを当てても、鋼板には毛ほどの傷もつかなかった。ところが、戦争末期の三式中戦車にはざらりと削り傷がついたというものだ。これでは敵弾を防ぐことは難しい。こういうものを作らせ戦場に投入した高級軍人たちは、いったい本気の愛国心をもっているのだろうか。「愛国心専売官僚組織」に司馬は寒々としたものを感じたという。

三式中戦車

146

「われわれの戦車はアメリカの戦車にとても勝てないが、おなじ日本人の（避難用の）大八車を相手になら勝つことができる」

米軍撃滅の主力となる戦車部隊の正式装備でさえ、そのような有り様だった。

「竹やり、弓…」装備に絶句した鈴木貫太郎内閣
竹やり、さすまた、弓……。

1945年7月、鈴木貫太郎内閣の閣僚たちは絶句した。目の前に展示されていたのは、「国民義勇隊」に陸軍が供給する予定の「兵器」だった。銃もあるにはあったが、戦国時代のように弾丸を筒先から込める単発式。

防空服を着た鈴木貫太郎首相

「ひどいものだ。こんな状態なら一日も早く、終戦にもちこまなければならない」

鈴木首相はこっそり、迫水久常・内閣書記官長に漏らしたという。（迫水書記官の回想録から）

沖縄戦終結 県民の4人に1人が死亡
「県民ニ対シ後世特別ノ御高配ヲ賜ランコトヲ」

「沖縄県民斯ク戦ヘリ　県民ニ対シ後世特別ノ御高配ヲ賜ランコトヲ」（1945年6月6日発：海軍沖縄方面根拠地隊司令官・大田実少将＝6月13日自決）

そのようにたたえられても、沖縄は滂沱と流れた血であふれかえっていた。沖縄島南端、摩文仁の洞窟内の戦闘指揮所で1945年6月23日、第32軍の牛島満司令官と長勇参謀長が自決。しかし、軍としての休戦・降伏はなく、住民を巻き込んだゲリラ戦は続いた。

沖縄県によると、沖縄戦における戦没者は米国が1万2,520人、日本が本土出身の

米軍の上陸と侵攻

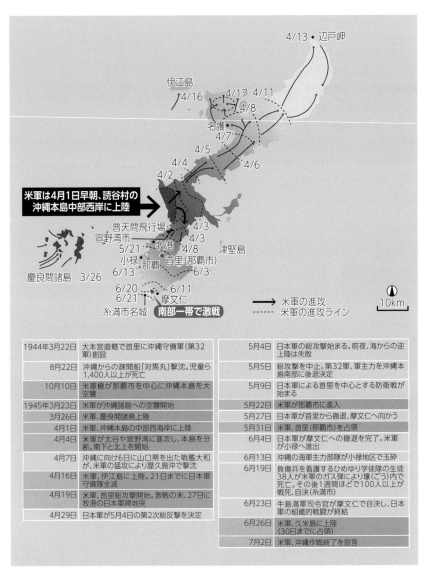

1944年3月22日	大本営直轄で首里に沖縄守備軍(第32軍)創設
8月22日	沖縄からの疎開船「対馬丸」撃沈。児童ら1,400人以上が死亡
10月10日	米軍機が那覇市を中心に沖縄本島を大空襲
1945年3月23日	米軍が沖縄諸島への空襲開始
3月26日	米軍、慶良間諸島上陸
4月1日	米軍、沖縄本島の中部西海岸に上陸
4月4日	米軍が北谷や宣野湾に進攻し、本島を分断。南下と北上を開始
4月7日	沖縄に向け6日に山口県を出た戦艦大和が、米軍の猛攻により屋久島沖で撃沈
4月16日	米軍、伊江島に上陸。21日までに日本軍守備隊全滅
4月19日	米軍、首里総攻撃開始。激戦の末、27日に牧港の日本軍陣地突破
4月29日	日本軍が5月4日の第2次総反撃を決定
5月4日	日本軍の総攻撃始まる。前夜、海からの逆上陸は失敗
5月5日	総攻撃を中止。第32軍、軍主力を沖縄本島南部に後退決定
5月9日	日本軍による首里を中心とする防衛戦が始まる
5月22日	米軍が那覇市に進入
5月27日	日本軍が首里から撤退、摩文仁へ向かう
5月31日	米軍、首里(那覇市)を占領
6月4日	日本軍が摩文仁への撤退を完了。米軍が小禄へ進出
6月13日	沖縄の海軍主力部隊が小禄地区で玉砕
6月19日	負傷兵を看護するひめゆり学徒隊の生徒38人が米軍のガス弾により壕(ごう)内で死亡。その後1週間ほどで100人以上が戦死、自決(糸満市)
6月23日	牛島満軍司令官が摩文仁で自決し、日本軍の組織的戦闘が終結
6月26日	米軍、久米島に上陸(30日までに占領)
7月2日	米軍、沖縄作戦終了を宣言

軍人6万5,908人だった。さらに沖縄県出身者は軍人軍属2万8,228人、戦闘参加の住民5万7,044人、一般住民（推定）3万6,956人。計12万2,228人で、当時の人口の4人に1人に達したという。

「鉄の暴風」にさらされた「鉄血勤皇隊」「ひめゆり学徒隊」

　一億総特攻の本土決戦の縮図とも言えるものだった。「陸軍防衛召集規則」（1942年10月施行）に基づき、沖縄では17〜45歳の民間人は「防衛隊」として、戦闘部隊に編入された。計2万2,122人が召集され、約1万6,000人が戦死。本土同様にここでも小銃などの火器ではなく、多くは竹やりが支給される。物資運搬などの使役が多く、「防衛隊」をもじり、自嘲的に「棒兵隊」と呼ばれた。

　中学生らを動員する「学徒隊」は1945年1月から、通信・看護に関する訓練を始めていた。1945年3月24日の米軍来寇に伴い、

・男子学徒は軍人扱いの「鉄血勤皇隊」
・女子学徒は軍属扱いの看護部隊（「ひめゆり学徒隊」など）

——に編成。ともに「鉄の暴風」と呼ばれた米軍の猛攻撃にさらされた。

学校別の犠牲者数

学校名	配属部隊	総員	死亡者	備考
沖縄師範	第三十二軍司令部（斬込隊など）	385	217	職員19名戦死
県立第一中	第五砲兵司令部など	398	193	職員20名戦死（配属将校1含む）
県立第二中	第六十二師団通信隊など	140	102	職員7名戦死
県立第三中	第三遊撃隊など	363	35	職員2名戦死（配属将校1含む）
那覇市立商業	独立歩兵第二十二大隊など	82	59	
県立水産	第四遊撃隊など	49	22	職員7名戦死
県立農林	第四十四飛行場大隊	170	32	配属将校1名戦死
県立工業	沖縄憲兵隊など	78	70	
県立八重山中	独立混成第四十五旅団司令部	20	1	
県立師範学校	沖縄陸軍病院	120	103	職員7名戦死
県立第一高等女学校	沖縄陸軍病院	200	64	職員8名戦死
県立第二高等女学校	第二十四師団第一野戦病院	65	25	職員11名戦死
県立第三高等女学校	沖縄陸軍病院（分院）	10	1	
県立首里高等女学校	第六十二師団野戦病院	83	40	
私立積徳高等女学校	第二十四師団第二野戦病院	25	6	職員5名戦死
私立昭和高等女学校	第六十二師団野戦病院	40	10	職員5名戦死

出典：「戦史叢書」

「軍隊は結局、住民を踏みにじる」大田元知事の告発

「予定どおり本土決戦が実施されていたとしたら、本土民衆は、疑いもなく沖縄戦の二の舞いを演じる結果となったに違いない」。元沖縄県知事の大田昌秀氏は予測する。日本軍の沖縄住民に対する、

・殺害
・スパイ容疑での処刑
・強姦
・食糧強奪
・壕追いだし
・集団自決強要

——などを"告発"。敵撃滅を本能とする軍隊は結局、住民を踏みにじると警鐘を鳴らす。

第6章 沖縄は「捨て石」だったのか？

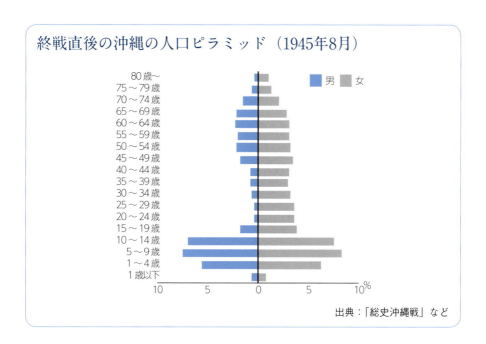

国内最大の地上戦が沖縄に残した負の影響は、米国による占領・基地化だけではなかった。1945年8月の人口の男女比は38対62といういびつさ。特に防衛隊の中核を担わされた15〜44歳の男性は、全人口の4.7％しか残されなかった。2010年の国勢調査によると、沖縄県の平均年齢は40.7歳で、全国最低。2位の愛知県に比べると2.2歳、6位の東京都と比べると3.1歳も若い。

「沖縄戦の図」書き込まれた言葉

画家の故・丸木位里、俊夫妻は「沖縄戦の図」で、署名の上に次のような言葉を書き込んだ。

　　恥ずかしめを受ける前に死ね
　　手りゅうだんを下さい
　　鎌で鍬でカミソリでやれ
　　親は子を夫は妻を

若ものはとしよりを
エメラルドの海は紅に
集団自決とは
手を下さない虐殺である

丸木位里・俊作「沖縄戦の図」佐喜真美術館所蔵

俳人・金子兜太さんインタビュー

戦後70年
「国のため死んでいく制度は我慢できぬ」
トラック島で「捨て石」体験

戦争における生と死の実態とはどのようなものなのか。そこに皇軍の誉れはあったのか。帝国海軍主計将校として、南洋のトラック島に"捨て石"とされた体験を持つ俳人、金子兜太（とうた）さんに聞いた。

金子兜太（かねこ・とうた）

1919年、埼玉県生まれ。東京帝大経済学部卒。日本銀行在職中の62年に俳誌「海程」創刊。2008年文化功労者、10年毎日芸術賞特別賞。現代俳句協会名誉会長。

　　水脈の果て炎天の墓碑を置きて去る

　敗戦を迎えたトラック島での1年3カ月の捕虜生活を終え、日本への引き揚げ船となった駆逐艦の甲板上で、詠んだ一句です。最後の引き揚げ者200人とともに、島を後にしました。小生の所属部隊を含め、戦死者はらくに1万を超していた。その人たちを思い、復員後の生き方を決意した一句です。

海軍を志願したのは功利主義からでした。どうせ戦争にとられるなら、一兵卒は嫌だった。東京帝大経済学部在籍時に海軍経理学校の試験にパスし、1943年9月に入学します。その3カ月後が学徒動員でした。同輩、後輩が、随分と死んでしまいました。翌年2月に卒業し、配属されたのが、海軍の拠点が置かれたトラック島。第4海軍施設部の最年少の甲板士官（中尉）でした。

　軍隊は身分制の世界です。上からは将官、将校、下士官、兵卒。さらに募集・徴用で集められた民間の工員がいました。ある日、工作部が手製の手りゅう弾を製作しました。実験をすることになったが、将校・下士官はもとより、兵卒にやらせるわけにもいかない。そこで、工員にやらせろと。ところが、工作部は機械製造などが仕事で、熟練工が多い。貴重だ。施設部は道路工事などの単純な仕事だ。役に立つかどうかでも、命の価値に差があった。「金子中尉、お前のところでやれ」と。1人の工員を選びましたよ。

　ボーン。発火させた途端、手りゅう弾が爆発してしまった。その工員、田村の右腕は吹っ飛び、背中に白い穴がカアーッと開いた。隣にいた落下傘部隊の少尉も海に吹っ飛ばされて、即死でした。ところがね、それを見ていた工員仲間たちが田村を担ぎ上げ、「わっしょい、わっしょい」と病院に駆けだした。

　人間への認識が変わりました。もともと、一旗揚げようと南の島に来た工員ばかりでした。聖戦とか、大東亜共栄圏とか、そうした意識は薄い。けれども、明らかに死んでいても、仲間は放っておかない。俺は人生を甘くみていたんじゃないだろうか。人間って、いいもんだ。「わっしょい、わっしょい」の声は今も耳に残っています。

　サイパン島が陥落したとき、矢野兼武（海軍主計中佐。詩人で、筆名・西村皎三）という元上官が戦死したんです。この人が「金子、句会をやれ。（戦況悪化でトラック島は孤立し）今に食糧が逼迫する。皆が暗くなる」と言っていたことを思い出した。その遺言に従い、句会を開きました。

　すると散文詩をやっていた西沢実（戦後、放送作家）という陸軍戦車隊の少尉が、同僚将校を4、5人ほど連れてきた。最上級は少佐です。こちらは工員10人ほどですから、驚いた。しかし、西沢は「関係ねえ。おんなじ人間だ」。たったの3カ月でしたが、すっかりと打ち解けた。無季（季語のない句）も気にしなかった。ただ、戦場は戦場。神経は張り詰めていた。

空襲よくとがった鉛筆が一本

　その時に詠み、今でも覚えている一句です。

　この句会が打ちきりとなったのは食糧不足が原因。周辺の島々に部隊を分散させ、食糧生産に従事させることになった。工員と事務職員が中心の200人を率い、日本名「秋島」に渡りました。年３回は収穫できる「沖縄100号」というサツマイモを持ち込み、自活するはずだった。ところが、これを食う虫がいることを誰も気付いていなかった。机上の空論でした。「南洋ホウレンソウ」と名付けた青草を海水で煮たりしました。ただし、これは食べ過ぎると腹を下し、体力を奪った。

　官僚組織とはひどいもんです。「栄養失調による病死」にしてしまう。実態は「餓死」。しかし、皇軍に「餓死」は禁句だった。はったりをきかせていた工員たちがみるみると弱っていく。やせ細った餓死者の顔は仏様のようなんですよ。本当に可哀そうでね。他の島との連絡にポンポン船を出せば、見回りの米軍のグラマンが機銃掃射してくる。ズタズタにされる。

　ところが、「あと何人か死ねば、残りを生かすだけの食糧はあるな」などと冷静に考えている自分がいた。人間なんて、浅ましいものです。幹部将校たちはサイパン島が陥落した時点で、この戦争はもう駄目だと思っていた。そうなると女房と子供の顔を見るために内地に帰ることしか、考えていなかった。

　「虚無の島」でした。軍事的価値を失っていましたから、米軍の主力は素通りし、友軍が増援部隊や物資を送ってくるはずもない。工員たちは「捨て子」と自嘲していました。軍事教練などなく、日々の仕事は食糧生産ばかり。やることがない。人間が無感動になっていく。生きる意味を見いだすことができない。レイテ沖海戦で海軍の象徴たる戦艦武蔵が沈没しても、沖縄が陥落しても、仕方がないとの気持ちだけです。

　この島での11カ月間、俳句を一句も詠まなかった。無意識にです。なぜだろうか。それ以前も、その後も、そんなことはなかった。幼少時から、七五調の「秩父音頭」を聞いて育ちました。実家では父が水原秋桜子（俳人、俳句雑誌「馬酔木」を主宰）と知人で、句会の支部を作ったりもしていた。俳句がアイデンティティーとなって、私は存在している。それがまったく失われていたのに、島では

気付きもしなかった。それが戦争なのでしょうか。

　椰子の丘朝焼けしるき日々なりき

　海に青雲生き死に言わず生きんとのみ

　終戦の詔勅を聞いた後にやっと、俳句が自然と湧いてきた。米軍の収容所では食糧がきちんと与えられましたね。米軍に没収されないように句を書いた小さな紙を丸めて、配給されたせっけんに押し込んで内地に持ち帰りました。
　戦後は日本銀行（従軍前に３日間在籍）に復職しましたが、組合活動をやるなどして、にらまれた。課長にもなれずに退職しました。しかし、東大を頂点とする学閥を軸に作り上げられた人事体制は身分制そのものであり、半封建制だと思った。トラック島で共に過ごした工員たちの生々しさに比べ、この官僚たちは何なのかと。日本は戦争に負けたのに近代化されていなかった。

　彎曲し火傷し爆心地のマラソン

日本人は何を学んだのでしょうか。長崎支店時代の一句です。

　戦後を共に生きた仲間たちも徐々に鬼籍に入っています。皆の名前を毎朝唱え、皆に向き合う「立禅」を続けています。振り返るに戦場での死のむなしさ、異常さを考えずにはいられません。それは「自然死」ではない「残虐死」です。
　集団的自衛権の名の下で、日本が戦争に巻き込まれる危険性が高まっています。海外派兵されれば、自衛隊に戦死者が出るでしょう。政治家はもちろん、自衛隊の幹部たちはどのように考えているのでしょうか。かつての敗軍の指揮官の一人として、それを問いたい。
　トラック島に残した部下たちには実は墓碑などなかった。個々人が生き延びるだけで精いっぱいの中で、できるのは小高い丘の上の穴に埋めることだけでした。国のために働かされ、死んでいくという制度や秩序は我慢できません。無理に生きる必要のない、自由な社会を作っていく。それが俺の思いです。

第7章

アジアは一つだったのか？
―帝国崩壊、死者は2,000万人を超えた

10円の軍票

日本の8月15日はポツダム宣言受諾による終戦記念日となる。盧溝橋での中国軍との衝突に始まった戦火は最終的にアジア太平洋地域を席巻。「大東亜共栄圏」の野望の下で、アジア全域では2,000万人を超える軍民が犠牲となっている。欧米植民地主義からの解放戦争と喧伝した大日本帝国は実際、アジアの同胞たちに何を強いたのか。データをひもといてみた。

大東亜会議は「理想」を宣言 …
死と破壊がもたらされたアジア全域

　「真に共存の大原則の上に正義、平等、互恵に基づいて、私たちは新しい世界を創造しているのであります。……アジア人はきっとアジアを取り戻すでありましょう」（ビルマ＝現ミャンマー＝国家主席、バー・モウ）

　1943年11月の帝都・東京で、汎アジア主義が沸騰した。国会議事堂を会場に初開催された「大東亜会議」。首相の東条英機を議長とし、アジア各国の代表は中国・南京国民政府主席の汪兆銘、タイ王族のワンワイ・タヤコン、満州国国務総理の張景恵、独立したフィリピン大統領のホセ・ラウレル、同じくビルマ国家主席のバー・モウが、オブザーバーとしては自由インド臨時政府主席のチャンドラ・ボースが一堂に集う。

　ピュリツァー賞受賞作「大日本帝国の興亡」で、作家のジョン・トーランドは記す。

　「東京に来た代表たちは傀儡であったかもしれない。しかし奴隷状態に生まれた

第7章 アジアは一つだったのか？

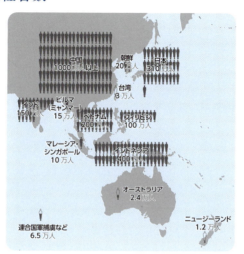

国・地域別犠牲者数

出典：「キーワード日本の戦争犯罪」など

彼らは、今や自由になったと感じ、初めて、共同で、アジアのための偉大な新世界を宣言したのである」

　彼らの理想はしかし、利用され、裏切られ、アジアには死と破壊がもたらされた。戦後のサンフランシスコ講和会議（1951年9月）で、自国の死者数をインドネシアは400万人、フィリピンは100万人と公表した。

　他の国では、ベトナム（旧仏領インドシナ）が200万人、インドは戦場にならなかったにもかかわらず、飢餓による死者が150万人に達した。主要国土が戦場と化した中国は1,000万人以上とされる。日本なども含めるとアジア全域では2,000万人以上が犠牲となった。

大日本帝国のための傀儡政権

　陸軍参謀本部第1部は既に太平洋戦争開戦前の1941年2月ごろ、東南アジア地域で

の軍政実施に関する研究に着手。同年11月20日の大本営政府連絡会議で「南方占領地行政実施要領」を策定していた。

- 軍政により、治安の恢復（かいふく）、重要国防資源の急速獲得、作戦軍の自活確保に資す
- 民政に及ばさざるを得ざる重圧は之（これ）を忍ばしめる
- 其（そ）の独立運動は過早に誘発せしむることを避くるものとす

「これが、『東亜の解放』『英米の支配からの解放』をスローガンに、『大東亜共栄圏』の実現を叫んだ日本の本心だった」(「日本軍政下のアジア」小林英夫)

開戦当初の戦勝により、最盛期の大東亜共栄圏は約750万平方キロメートル（全世界の陸地面積の約6％）、支配する人口は約4億5,000万人（全世界の人口の約20％）に達した。

「真の友情」東条首相が語った慈愛

「もちろん、わが民族の優秀なることは、われわれの実感とするところであります。しかしながら」「他に対して、これを見下すが如（ごと）き言動ありとするならば、これすなわち、将来に禍根を残すものであります」「われに及ばざると雖（いえど）も、その応対には、真の友情と理解の心がなくてはならぬのであります」

自らが主宰した大東亜会議で、東条首相の汎アジア精神は高まり、慈愛あふれる父親のように振る舞ったという。しかし、大日本帝国のための大東亜共栄圏に変わりはなかった。

占領地を覆った破滅的なインフレ
国防資源の調達や軍の自活確保で軍票乱発

大東亜共栄圏という占領下で、アジアの民衆は生活基盤を破壊する破滅的なイン

第7章 アジアは一つだったのか？

アジアに拡大する大東亜共栄圏

出典：「日本の戦争 図解とデータ」など

フレーションにもさらされた。「南方占領地行政実施要領」で掲げた重要国防資源の調達や現地軍の自活確保のため、日本が軍用手票（軍票）を乱発したことが、主要な原因だった。

　日本は中国大陸では既に「通貨戦争」を展開していた。植民地の朝鮮と台湾に続き、傀儡政権の満州国と華北、華中に、中央銀行を設立。華中では1943年4月に軍票発行を停止し、代わりに中央儲備銀行券を使用することになる。
　中国国民党政府（蔣介石主席）の通貨「法幣」の流通を妨げ、経済的に打撃を与えることが目的だった。加えて、現地軍の戦費を効率的に調達する目的があった。そのため、日本側の横浜正金銀行上海支店（日本銀行の上海代理店）と華中の中央儲備銀行が互いに預金口座を開設した。

日本政府（臨時軍事費特別会計＝日銀券）→ 横浜正金銀（中央儲備銀口座）→ 中央儲備銀（横浜正金銀口座＝儲備券）→ 中国派遣軍

出典:「『大東亜共栄圏』経済史研究」など

との流れで、軍費は現地軍に渡る。儲備券は無条件に引き出された。戦争の長期化と戦線拡大と共に儲備券の流通量は増加し、通貨としての信用と価値は当然下落する。

アジアの民衆に残された「紙くず」

ところが、日銀券の流通量は増加しない。中央儲備銀は横浜正金銀に持っている口座からの引き出しができないためで、預金残高が積み上がるばかりだった。この「預け合い」と呼ばれる詐術的なシステムは無尽蔵の戦費調達を可能としながら、日本本土での物価高騰も抑えることができた。朝鮮銀行と華北の中国聯合準備銀行の間でも行われ、現地経済を混乱させた。

東南アジアの占領地域については1942年3月、南方開発金庫を設立。43年1月には戦前の現地通貨に応じた「ドル」「ペソ」「ギルダー」表示の南発券が発行される

第7章 アジアは一つだったのか？

出典：「『大東亜共栄圏』経済史研究」など

が、軍票と変わりはなかった。儲備券などと同様に乱発され、信用と価値を喪失。マラヤ（マレー半島南部とシンガポール島など）ではバナナの木が描かれた紙幣は「バナナノート」、フィリピンでは「ミッキーマウス・マネー」とバカにされていたという。

　終戦時の東京の物価は約1.5倍。一方で、シンガポールは約350倍、ラングーンは約1,800倍にもなっていた。
　経済的犠牲を強いられたアジアの民衆には、戦後名実共に「紙くず」が残された。
　敗戦直後の1945年9月16日の大蔵省声明は次のように、軍票が紙くずになったことを語っている。
「日本政府及陸海軍ノ発行セル一切ノ軍票及占領地通貨ハ無効且無価値トシ一切ノ取引ニ於テ之ガ受授ヲ禁止ス——」

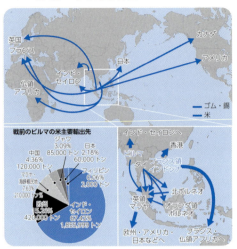

戦前の東南アジア地域の交易構造

出典:「日本軍政下のアジア」など

食糧危機を引き起こした日本軍政
コメ徴発、インドシナでは200万人もの餓死者

　戦前のアジアは「東南アジア域内交易圏」と呼ばれる経済圏を構成していた。生産と物流の中心は、大英帝国の東洋支配の根拠地シンガポール。ここにゴムと錫と米という主要産品が主に集積され、他のアジア地域はもちろん、欧米や日本などに輸出されていった。

　この経済圏が日本の侵略により、物流と交易を分断された。特にビルマを筆頭にタイ、仏領インドシナという米の3大生産地は、その余剰分（戦前計約548万トン）の輸出先を失う。

　日本は逆に利点を見いだしていた。「帝国の食糧供給源」として、既に食糧難にあえいでいた本土（戦前の不足は約47万トン）を救えるうえ、アジア各地に散らばった現地軍の自活を満たせるものと期待した。しかし、戦局の悪化により、南方と日本本土を結ぶシーレーン（海上交通路）は崩壊。机上の計算は空論となり、一般国民の食卓からは米が消えてしまう。

第7章　アジアは一つだったのか？

出典：「資源の戦争『大東亜共栄圏』の人流・物流」

　アジアではところが、日本以上の食糧危機に襲われていた。輸入に頼っていたシンガポールを含めた英領マラヤ（戦前の不足は約58万8,000トン）はもちろん、3大生産地でさえ、米が不足する。特に北部仏領インドシナでは200万人もの餓死者を生じたという。なぜか。その理由は次のように考えられている。

- 日本軍が軍関連工事の「ロームシャ（労務者）」に農業従事者を動員したため、労働力不足が起こった
- 日本軍が耕作用の牛馬を徴発したため、農作業の効率が低下した
- 日本軍が軍票などによる生産物の強制供出を強いたため、農業従事者の労働意欲がそがれた

輸送網の寸断で、需給のバランス崩壊

　米だけではなく、さまざまな穀物の生産効率が同様に低下していった。さらに連合国軍の攻撃はシーレーンだけでなく、東南アジア地域間の輸送網をも寸断。需要

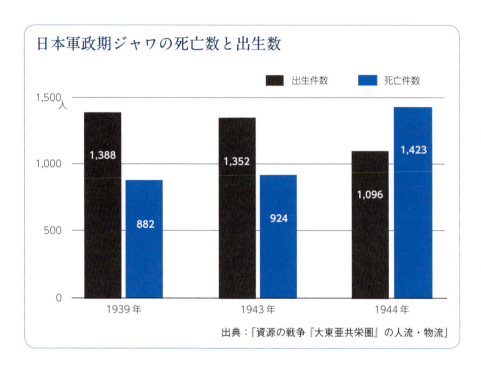

と供給という交易のバランスは失われ、消費地に生産物が届かなくなった。食糧不足がアジアにまん延するなかで、皮肉なことに米の一大生産地である下ビルマ（現ミャンマーのイラワジ川下流域）では米が滞貨、運びきれずたまってしまった。そのため価格が暴落し、農業従事者は作付けを控えるようになってしまったという。

死亡数が出生数を上回ったインドネシア

　当然の結果が飢餓だった。ジャワ（現インドネシア）は米輸入国（戦前の不足は約25万8,000トン）の一方で、戦争継続に絶対的に必要な戦略物資の石油を産出した。日本軍は1942年3月に占領。その2年後には死亡数が出生数を上回り、近代史上初の人口減を記録することになった。

第7章 アジアは一つだったのか？

終戦後にアジア各地に残置された「ロームシャ」

出典：「資源の戦争『大東亜共栄圏』の人流・物流」

「聖戦」のための労働力 肉体的に収奪
「労働戦士」「経済戦士」の実態は「奴隷」

　日本は「聖戦」のための労働力として、アジアの民衆を肉体的に収奪した。ジャワ島だけで約30万人を動員。非人道的な管理下で、約7万人が死んだともされる。「ロームシャ（労務者）」は時にアジア各地から強制的に駆り集められ、異国に送られ、置き去りにされた。終戦時のオランダ政府の調査が、その一端を示す。彼らは「労働戦士」「経済戦士」などともてはやされたが、実態は「奴隷」だった。「ロームシャ」という日本語はそのまま、インドネシア語になっている。

「戦場にかける橋」捕虜も犠牲に

　こうした労働収奪の代表例が、映画「戦場にかける橋」で知られる泰緬鉄道（タイ・ノンブラドック―ビルマ・タムビサヤ間、415キロ）の建設工事だろう。1942年6月に着工し、翌年10月には完成した。乏しい食糧と医療設備のなかで、マラリアとコレラがまん延。「線路5〜8メートル当たり1人以上の犠牲者を出したとされる『死の鉄路』」（「キーワード日本の戦争犯罪」小田部雄次・林博史・山田朗）だ。
　ロームシャはジャワ島はもちろん、ビルマ、タイなどから、20万人以上が建設現

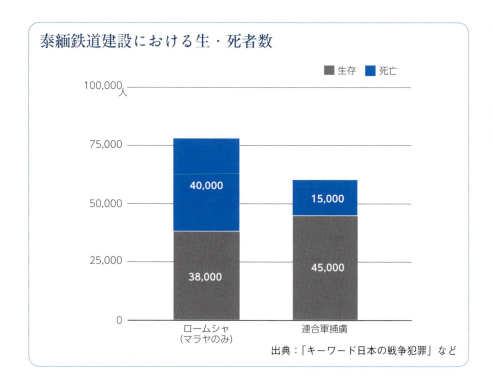

場に連れてこられたともいう。犠牲者は4万2,000人、5万人、7万4,000人と諸説がある。さらに映画に描かれたように、連合国軍の捕虜約6万人も投入された。犠牲者は約1万5,000人に達したとされる。

人種、軍民の違いに関係なく支配下にある人々を虐待

　日本軍はアジア人だろうと欧米人だろうと人種、軍民の違いに関係なく、その支配下にある人々を虐待した。「南京大虐殺」「シンガポール華僑虐殺」「バターン死の行進」「マニラ市街戦」……。1929年のジュネーブ条約（捕虜の待遇に関する条約）について、政府は陸海軍の反対を受け、批准もしていない。

　極東国際軍事裁判（東京裁判）の記録によると、植民地兵を除いた連合国の本国軍将兵（米英蘭加豪とニュージーランド）で、日本の捕虜となったのは計13万

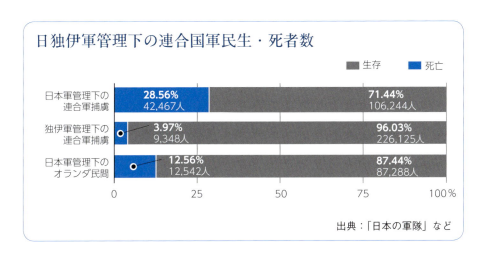

2,134人。死亡率は27.1%（3万5,756人）だったという。これは独伊軍管理下の収容所における連合国軍捕虜（死亡率4%）、ソ連軍にシベリア抑留された日本軍将兵（同11%）に比べてさえ、格段に高率だった。

—— 1942年4月24日付、英字紙「ジャパン・タイムス・アンド・アドバタイザー」は次のように記している。

「情けをかけることは戦争を長びかせるだけである（中略）日本軍は聖戦の十字軍である。ためらってはならない。犯罪者は一掃されねばならない」

アジアの一番長い日
革命運動家の死、植民地からの独立宣言、傀儡皇帝の退位

終戦直後の1945年8月18日、日本の植民地であった台北の陸軍病院で、1人の革命運動家が息を引き取った。自由インド臨時政府主席のスバス・チャンドラ・ボース。大東亜会議に参加した「ネータージ（指導者）」はソ連亡命の途次に飛行機事故に遭い、48年の生涯を閉じた。

「ドイツ兵は『パリへ』と叫び、日本兵は『シンガポールへ』と叫んだ。同志諸君、諸君の雄たけびは『デリーへ』としようではないか」。独立の夢を大東亜共栄圏に託し、元英軍所属のインド兵捕虜からなる国民軍を編成。インパール作戦

（1944年3月～）には6,000人のインド人部隊を参加させた（戦死・餓死・病死・捕虜計5,300人）。彼の死後、国民軍幹部らには英軍の軍法会議が待っていた。

　その前日の17日にはバタビア（現ジャカルタ）で、スカルノがインドネシアの独立を宣言する。しかし、彼は「日本の傀儡」とみなされていた。多数派のインドネシア人に加え、中国人、インドース（アジア人と白人の混血）、アンボン人、オランダ人、英国人らが入り乱れた流血に発展。独立派と日本軍の衝突（スマラン事件）も起こる。

　満州国では8月18日、皇帝溥儀が退位した。建国13年5カ月で、「五族協和の王道楽土」は滅亡する。国務総理の張景恵は国民党政府への合流を図り、東北地方暫時治安維持委員会を設立。しかし、8月31日にはソ連軍に拘引され、シベリアに連行される。

　フィリピンは戦前、既に米国により、1946年の独立が保障されていた。1943年成立のラウレル政権は傀儡でしかなく、「フクバラハップ（フク団）」などの抗日ゲリラが抵抗運動を展開。44年10月にマッカーサー率いる米軍が「アイ・シャル・リターン」の言葉通りに再上陸すると、民間人を巻き込んだ血みどろの地上戦が終戦の夏まで続いていた。

戦犯裁判は征服者たちを裁いたが・・・

　大東亜共栄圏の野望に燃えた征服者たちには戦犯裁判が待っていた。1946年2月23日。マニラ郊外で、「マレーの虎」と呼ばれた山下奉文大将（第14方面軍司令官）が絞首刑に処された。容疑はマニラ市街戦における民間人殺害などだった。4月3日には同じ場所で、本間雅晴中将（予備役）が銃殺刑となった。日本軍によるフィリピン占領時の捕虜虐待などの責任を問われた。

　その一つ「バターン死の行進」については、しかし、大本営参謀の辻政信中佐（当時）の関与があったとされる。フィリピン人らは仲間のアジア人を裏切ったので、処刑しなければならないと主張。山下大将の参謀長時代は「シンガポール華僑虐殺」にも関与したとされる。

　「敵に遭遇したら、ついに親の仇（かたき）にめぐりあったものと思え。こやつを殺せば、積

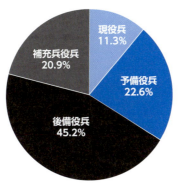

中国派遣軍役種区分（1938年8月1日現在）
- 現役兵 11.3%
- 予備役兵 22.6%
- 後備役兵 45.2%
- 補充兵役兵 20.9%

出典：「日本の軍隊」

もり積もった長年の恨みを晴らすことができるのだ」

辻政信氏

辻中佐は将兵を扇動したという。「作戦の神様」ともてはやされたが、皇軍に典型的な唯我独尊の「下克上タイプ」の軍人だった。1939年のノモンハン事件では、ソ連軍に敗れた現地指揮官たちに対し、自決を強要した。戦後の混乱期を生き抜き、戦犯指定は受けずに衆参国会議員に当選。現職中の1961年4月に視察先のラオスで、謎の失踪を遂げている。

アジアを食い荒らした「蝗軍」
現地調達主義、兵士たちの「徴発」の実態

　兵士の第一の資質は、疲労と重労働に対する持久力であり、勇気は二の次である。貧困と窮迫と欠乏がよい兵士をつくる。
　—— ナポレオン・ボナパルト

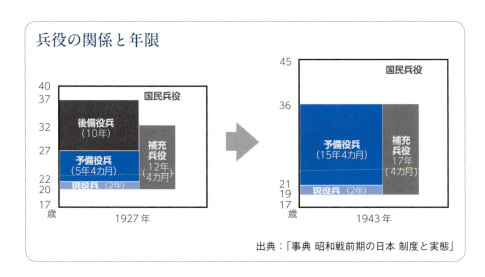

出典:「事典 昭和戦前期の日本 制度と実態」

　皇軍は中国で「蝗軍（こうぐん）」と嫌悪されていた。軍隊を維持するために占領地を収奪する現地調達主義を初めて意図的かつ組織的に推進したのはナポレオンだとされる。しかし、日本軍は20世紀においてさえ、近代的補給戦への適応に遅れていた。軍票を乱発した現地軍上層部から、時に40キロを超える装備を背負わされた末端の一兵卒に至るまで、イナゴ（蝗）のようにアジアを食い荒らした。

　「日本の軍隊」（吉田裕著）によると、日本軍は野戦炊さん車を生産したものの、個々の兵士が携行する飯ごうに頼り続けた。兵士たちの「徴発」は食糧にとどまらなかった。「（炊飯のために）手当たり次第に家を壊して炊く」「扉や家具を壊せば『良民が困る』と。それはそうだが、薪が無ければ飯が炊けず仕方がない」（ある召集兵の日記）と民衆の生活を破壊した。

ビルマ戦線で検査を受ける日本兵

▶**軍隊の装備**
インパール作戦時の第58連隊の携行品（1人あたり）
米：20日分（18kg）
調味料
小銃弾：240発
手榴弾：6発
38式歩兵銃　など
｝40kg

蛮行に拍車をかけた高齢の後備役ら

　皇軍自体の質の低下が、その蛮行に拍車をかけた。戦争の長期化と戦線の拡大により、良質な現役兵（徴兵検査の合格直後に入営）が不足。日本軍は兵力を補うため、現役除隊した予備役や後備役を召集令状（赤紙）により、部隊に復帰させた。彼らは年齢が高いために体力的に劣るうえ、大抵が一般市民としての社会生活を抱えていた。軍事訓練は受けているが、戦意は必ずしも高いとは言えなかった。軍当局はこういった事情は承知していた。

暴力的性向を強めた「占領軍」の構造的欠陥

　「応召者の犯せし罪質は軍成立の根元に触るる対上官犯、或は聖戦完遂を妨害すべき掠奪、強盗、強姦等極めて悪質なるもの多発しあり」（1940年9月19日付陸密第1955号）

・「聖戦」に刃向かう敵を成敗することは当然とする政府・軍部のプロパガンダ

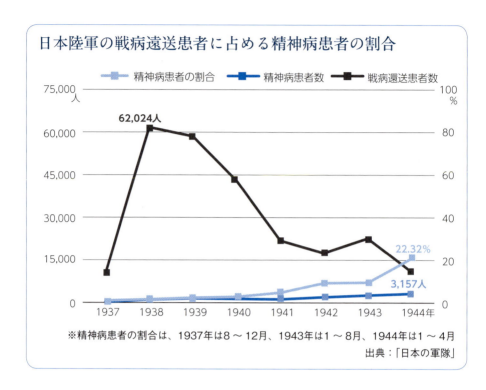

- 降伏することは恥とする「戦陣訓」による教育
- 戦時国際法を無理解、無視した上官将校・下士官による命令
- ビンタなど「私的制裁」がまん延する抑圧的な組織風土
- アジア人に対する蔑視

　そうした特質が軍隊の暴力的性向を強め、日本軍は占領地域において、欧米からの「解放軍」と歓迎されるどころか、民衆を苦しめる「占領軍」と見なされた。ただし、それは個々の兵士だけの責任に帰すことはできない。「国民の軍隊」ならぬ「天皇の軍隊」の、構造的欠陥だったといえる。

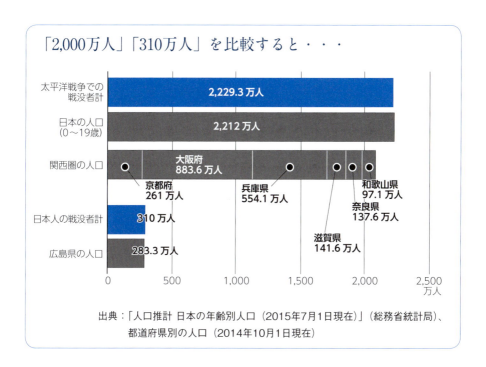

心も病んだ兵士たち、急増する疾患者

　戦争の長期化は兵士の体だけでなく、精神をもむしばむ。日本軍には欧米軍隊のような休暇制度もなく、戦争神経症を含む精神病患者の割合は増加するばかりだった。つけの多くを払わされたのは結局、末端の兵士たちだった。

　もういやだ、戦争はもうたくさんだ。戦争の栄光なんてたわごとだ。血や復讐や破壊を声高に叫ぶのは、銃を撃ったこともなければ、けが人の悲鳴やうめき声を聞いたこともないやつらだけだ。戦争は地獄だ。
―― ウィリアム・シャーマン（南北戦争時の合衆国軍最優秀の将軍の一人で、アトランタを焦土とした「海への進軍」を指揮）

益川敏英さんインタビュー

「憲法9条を守ろう、どんな小さな声でも集まれば大きな声になる」
国家は巧みに国民すべてを取り込み、精神動員をする

　戦争に対し、一人一人の市民はどのように向き合うべきなのか。国家権力の巨大な意志に対し、どのように相対していけばいいのか。ノーベル物理学賞を受賞し、記念講演では反戦演説を行った理論物理学者、益川敏英さんに聞いた。

益川敏英（ますかわ・としひで）

1940年、愛知県生まれ。名古屋大理学部卒。現在は名古屋大素粒子宇宙起源研究機構長、京大名誉教授、京都産業大学益川塾塾頭などを務める。「九条科学者の会」呼びかけ人。近著に「科学者は戦争で何をしたか」（集英社新書）。

　「不謹慎だ。アカデミックな場にふさわしくない」。箱根峠の向こうから、ある学者が批判しているとのうわさが聞こえてきたんです。ストックホルムでのノーベル賞の授賞式（2008年12月）に出発する前です。世界中の人々が集まる記念講演で、太平洋戦争での実体験を話すつもりでした。それを「晴れの舞台で、話すようなことではない」と苦言を呈しているらしい。何を言ってやがるのだと憤激しました。

アルフレッド・ノーベルは自身が発明したダイナマイトが戦争に利用され、「死の商人」とののしられました。だからこそ、巨万の富を人類の発展に役立てたいと願ったのです。まさに記念講演の場こそ、反戦を訴えるにふさわしいではないですか。総理大臣に批判されたとしても、一言一句内容を書き換えるつもりはありませんでした。

　1945年3月12日夜の名古屋空襲です。わずかに5歳。それでも、戦争の唯一の記憶として残っています。屋根瓦を突き破って、焼夷弾がコロコロと目の前に転がり落ちてきたのです。しかし、幸運にも不発弾だった。両親の驚愕と安堵はいかほどのものだったか。リヤカーに家財道具と共に載せられ、名古屋の街を逃げ惑いました。火災でオレンジ色に染まった空の色はあせることなく、心に刻み込まれています。

　おやじは電気技師になりたかったそうですが、学がなかった。尋常小学校出で、sin、cosが分からなかった。それでも、大阪の家具工場にでっち奉公し、名古屋に小さな家具工場を設立するまで頑張りました。ところが、太平洋戦争の開戦と共に軍に工作機械を供出させられてしまった。軍需生産に必要だからです。代わりに航空機工場に徴用され、ベニヤ板をにかわでつないだ燃料タンクを造らされた。生産効率は1週間に1個ほど。アメリカならばジュラルミンを機械的に加工し、あっという間に組み上げてしまうでしょう。「これは負けるな」。そのように感じたと言います。

　「科学に国境はないが、科学者には祖国がある」と、ルイ・パスツール（フランスの生化学・細菌学者）は言いました。日本には理論物理学の大先輩である武谷三男先生のように反ファシズムを標榜し、特高（特別高等警察）に検挙された信念の人もいました。朝永振一郎先生（1965年にノーベル物理学賞）の電波兵器に関する戦時中の論文を読むと、どうも核心部分で巧妙に手抜きをしている。無言の抵抗をしている。科学者の知恵と言えるでしょう。

　しかし、そうした行動を戦時に見習うことは非常に難しい。国家は巧みに国民すべてを取り込み、精神動員します。個人は弱いものです。せいぜい、心の中でのサボタージュぐらいが関の山となる。「非国民」「刑務所にぶち込むぞ」と脅かされて、恐れを抱かずにすむ人はいないでしょう。そして、戦争に協力させられる。戦場の兵士だけが戦争をするのではありません。手塩にかけた工場を取り上

げられたおやじは被害者ではありますが、兵器生産に従事することで加害者にもさせられたのです。戦争が始まってしまえば、誰もが戦争と無関係ではいられなくなるのです。

「勉強だけでなく、社会的な問題も考えられるようにならないと、一人前の科学者ではない」。名古屋大学での師匠である坂田昌一先生の持論です。先生は「戦争を目的とする科学の研究には絶対従わない決意の表明」をした日本学術会議（1949年創立）にも参加しました。「物理の問題が解けるなら、世界平和に向けた難題も解ける」「科学者には現象の背後に潜む本質を見抜く英知がなければならない」「科学者である前に人間たれ」。いずれも先生の言葉です。

学生時代から、反戦・平和運動に取り組んできました。60年安保闘争では署名集めをし、米原子力潜水艦の国内初入港（長崎県佐世保市、1964年11月）では抗議行動に加わりました。京大に移った70年代には関西電力の原子力発電所計画（旧京都府久美浜町）に反対した。今年11月には被爆70年となる長崎市で、「パグウォッシュ会議」（核兵器と戦争の廃絶を目指す国際組織、1995年にノーベル平和賞受賞）の第61回世界大会を開催します。もっとも、専門の科学者らが集う会

飛行機雲を吐きつつ名古屋上空を襲った米軍のB29爆撃機。白い玉状のものは日本軍の高射砲弾

議は「貴族的な雰囲気」が性に合っているとは言えなくて。久美浜では町民に原子力の仕組みを話したりしたのですが、そうした地に着いた活動が好きなんです。

　自分の子供や孫の将来を考え、これでいいのだろうかと。単純ですが、その疑問が大切だと思います。次世代にどのような日本を残すのか。あの戦争は終わったが、おやじの工作機械は返ってきませんでした。それでも、食っていかなくてはならない。おやじは結局、畑違いの砂糖の販売業に就き、家族の生活を支えてくれました。恨み節は聞きませんでした。

　戦争のできる国になってからでは、戦争が始まってしまってからでは遅いのです。そのためには憲法9条を守らなければならない。どのように解釈しようと、戦争を禁止している。平和憲法の根幹です。憲法9条にノーベル平和賞が贈られる日をぜひ見てみたいものです。その記念講演で、日本の総理大臣がどのような演説をするのか。ぜひ聞いてみたいものです。

　職業人としての面、生活人としての面。そうした二つの顔を人間は持たなければならないと思います。何らかの形で、社会との接点を常に持たなければならない。二足のわらじを履けなきゃ、男じゃねえ──。それが自分の心意気です。社会運動は1かゼロかではありません。どんな小さな声でも、集まれば大きな声になるのです。一緒にデモに加わりませんか。勉強会に来ませんか。議論をしませんか。待っていますよ。

付録

ビジュアル年表
1941〜1945

1941（昭和16年）

- 12/8 真珠湾攻撃
- 12/10 マレー沖海戦
- 12/16 英領ボルネオ上陸
- 12/23 ウェーク島上陸
- 12/25 香港占領

1941.12.8（月） 真珠湾攻撃

　現地時間12月7日（日）に日本海軍の空母6隻を基幹とする機動部隊が、米国ハワイの真珠湾を奇襲攻撃。米太平洋艦隊を壊滅させた。この直前には日本陸軍が当時英国領だったマレー半島に上陸し、英国軍と交戦。いずれも宣戦布告前の奇襲攻撃で、米国の世論は憤激した。この日から太平洋戦争が始まった。

1941年12月9日（火）＝大阪毎日新聞

　見出しは「宣戦布告の大詔渙発」。大詔は、天皇が広く国民に告げる言葉のことで、渙発は詔勅を広く国の内外に発布すること。

1941.12.25（木） 香港占領

　日本は欧米の植民地主義の打倒を旗印に掲げ、アジア各地に進軍した。開戦1カ月足らずで、アヘン戦争中の1841年に占領されて以来、1世紀の間英国領だった香港を手に入れる。日本軍は「解放者」として、「大東亜共栄圏」の確立を目指した。

付録　ビジュアル年表　太平洋戦争　1941〜1945

1942 (昭和17年)

- 1/2　マニラ占領
- 1/11　セレベス島上陸
- 1/23　ラバウルに上陸開始
- 2/14　パレンバンに落下傘部隊降下
- 2/15　シンガポール占領
- 3/8　ビルマのラングーン占領

1941年12月26日（金）＝東京日日新聞

　横見出しは「香港陥落　二十五日午後五時五十分」、縦見出しは「英軍遂に白旗　降服を申出づ　猛攻八日間・我方停戦す」。

1942.2.15（日）　シンガポール占領

　英国の、東洋における植民地支配の要を、日本陸軍が陥落させた。指揮官の山下奉文中将はその勇猛さから「マレーの虎」とたたえられた。シンガポールは「昭南島」と改名され、日本の占領統治が始まった。後に「華僑虐殺事件」を引き起こし、戦後の極東国際軍事裁判（東京裁判）で裁かれた。

1942年2月16日（月）＝大阪毎日新聞

　主な見出しは「シンガポール陥落」「英軍、遂に白旗を掲げて降服　きのう（昨日）午後七時五十分」。

1942（昭和17年）

- 3/12 マッカーサーがフィリピンから豪州へ脱出
- 4/18 東京など本土に初の空襲
- 5/7▶8 珊瑚海海戦
- 5/10 フィリピンの米軍が降伏
- 5/18 米豪遮断作戦準備命令

1942.4.18（土）　東京など本土に初の空襲

日本本土が初めて空襲に見舞われ、防空体制の不備があらわになった。米陸軍のドーリットル中佐率いるB25爆撃機16機が空母「ホーネット」を飛び立ち、東京、名古屋、神戸などに爆弾を投下した。

1942年4月19日（日）夕刊＝東京日日新聞

見出しは「京浜に敵機来襲　九機を撃墜撃退す　皇室御安泰に渡らせらる」。

1942.5.10（日）　フィリピンの米軍が降伏

フィリピンの米軍部隊が一部を除き、降伏した。極東陸軍司令官だったマッカーサーは、「アイ・シャル・リターン」の言葉を残し、3月にフィリピンを脱出。すでにオーストラリアに移っていたため、その姿は無かった。バターン半島で投降した米軍捕虜を収容所に移動させる際に多数死亡させ、「バターン死の行進」と呼ばれている。

付録　ビジュアル年表　太平洋戦争　1941〜1945

1942 (昭和17年)

6/5▶7 ミッドウェー海戦

6/7 アリューシャン作戦開始

8/7 米軍、ガダルカナル島へ上陸

1942年5月8日（金）＝東京日日新聞
横見出しは「コレヒドール陥落」。コレヒドールはルソン島マニラ湾の入り口に浮かぶ小島。司令部が置かれたコレヒドールの守備隊が5月6日に降伏。南部のミンダナオ島も10日までに降伏した。

1942.6.7（日）　ミッドウェー海戦

太平洋戦争のターニングポイントとなった。それまで常勝と言われた日本海軍機動部隊は主力空母4隻を一挙に撃沈され、歴戦の航空機搭乗員を多数失った。米軍は日本軍の暗号を事前に解読。空母の損失は1隻だけだった。

1942年6月11日（木）＝大阪毎日新聞
横見出しは「東太平洋全海域を制圧」。縦見出しは「ミッドウェー島を猛攻撃　米航空母艦二隻撃沈　我方も空母二隻撃沈破　アリューシャン要衝攻略」。大本営発表はミッドウェー海戦の敗北を隠し、脇役のはずのアリューシャン攻略の方に焦点を当てている。

1942 (昭和17年)

- 8/8 米軍ガダルカナル島上陸
- 8/8▶10 第1次ソロモン沖海戦
- 9/25 ニューギニア、ブナへ後退開始
- 12/8 ニューギニアのバサブアで日本軍全滅

1942.8.7(金)　米軍がガダルカナル島上陸

米軍は、日本軍が飛行場を建設していた南太平洋ソロモン諸島のガダルカナル島に本格的な反攻を開始。敵の戦闘能力を甘く見た日本陸軍は、部隊の逐次投入という失敗を犯す。補給が途絶え、食べるものもない「餓島」からの撤退は翌年2月から始まったが、大本営発表では「転進」と取り繕われた。

1943年2月10日(水)＝毎日新聞

縦見出しに、大本営が苦心した造語「我軍他に転進」の文字が見える。当時の社内文書「検閲週報」には「今後は『戦略展開』ないしは『転進』の文字を使用し『後退展開』の字句は使用せぬよう願いたい」という軍の指示が残っている。これに違反すれば、新聞は発売禁止になり、場合によっては新聞の発行停止から廃刊にも至る厳しさだった。

付録　ビジュアル年表　太平洋戦争　1941〜1945

1943（昭和18年）

1/2	2/1▶7	3/2▶3	4/18	5/29
ニューギニアのブナで日本軍全滅	ガダルカナル島撤退	ビスマルク海で輸送船団全滅	山本五十六が戦死	アッツ島玉砕

1943.4.18（日）　山本五十六が戦死

真珠湾攻撃を立案した国民的英雄、山本五十六連合艦隊司令長官の死は、前途への不安を抱かせた。前線視察中のブーゲンビル島（パプアニューギニア）上空で、山本司令長官の搭乗機は待ち受けていた米軍戦闘機に撃墜された。ミッドウェー海戦と同様、米軍による暗号解読の結果だった。

1943年5月22日（土）＝毎日新聞

縦見出しは「山本連合艦隊司令長官戦死」「機上で指導中敵と交戦」。山本の死は1カ月以上秘密とされ、5月21日の大本営発表で公になった。ちなみに「大阪毎日新聞」と「東京日日新聞」を発行していた「大阪毎日新聞社」は1943年1月に社名を「毎日新聞社」に改称、題号を「毎日新聞」に統一した。

1943.5.29（土）　アッツ島玉砕

アリューシャン列島のアッツ島に上陸した米軍を迎え撃った日本軍は約2600人が戦死し、生存者は捕虜となった30人足らずだった。「玉砕」という言葉が初めて、公式の大本営発表で使用された。戦局の悪化に伴い、「一億玉砕」などのスローガンが唱えられるようになっていく。

1943 (昭和18年)

- 7/29 キスカ島の日本軍撤収
- 8/6▶7 ベラ湾海戦
- 9/8 イタリア降伏
- 9/22 米・豪軍、カエル跳び作戦開始

1943年5月31日（月）＝毎日新聞

横見出しは「壮烈の極アッツ島守備部隊」、縦見出しは「二万の敵大軍に突入」「大打撃与え全員玉砕」「山崎部隊長以下二千余」。

1943.9.8(水)　イタリア降伏

日独伊を中心とする枢軸国の敗勢は覆うべくもなかった。独裁者ムッソリーニが失脚したイタリアは、後継のバドリオ内閣が連合国と休戦した。翌1944年6月6日には連合国軍は仏ノルマンディーに上陸し、ドイツの敗北も時間の問題となった。

1943年9月10日（金）夕刊＝毎日新聞

縦見出しは「伊"単独不講和"を裏切る」「帝国・盟邦と協力滅敵へ」。「事態を想予、万全の措置」の文字も見える。

付録　ビジュアル年表　太平洋戦争　1941〜1945

1943（昭和18年）

- **10/2** ソロモン諸島のコロンバンガラ島の日本軍撤退
- **10/21** 第1回出陣学徒壮行会
- **10/22** 大本営、関東軍兵力の転用決定
- **11/5** 大東亜会議開催 第1次ブーゲンビル島沖航空戦

1943.10.21（木）　第1回出陣学徒壮行会

総力戦を戦うため、日本政府は国民の徹底的な動員を進めた。文科系学生らについても、それまで猶予されていた徴兵検査（20歳）が実施された。この日、東京・明治神宮外苑競技場などでは「出陣学徒壮行会」が開かれた。

1943年10月21日（木）夕刊　＝毎日新聞

紙面の写真は明治神宮外苑競技場での行進。縦見出しは「われぞ御楯（みたて）学徒総出陣の日」「眉あげて"仇敵（きゅうてき）撃たむ"」。

1943.11.5（金）　大東亜会議開催

戦争の大義として、日本は「大東亜共栄圏」を掲げた。フィリピン、ビルマ、タイなどの元首らが東京に集まり、翌6日に自主独立などの理念を込めた共同宣言を発表した。日本の支援を受け誕生した満州国や南京国民政府（汪兆銘政権）も参加している。

1943（昭和18年）

11/24 マキン島の日本軍全滅

11/25 タラワ島の日本軍全滅

1943年11月5日（金）＝毎日新聞
　横見出しは「けふ"大東亜会議"開く」。縦見出しは「共榮代表帝都に参集」「完勝と大建設を練る」「世界に示す東亜の総力」。

付録　ビジュアル年表　太平洋戦争　1941〜1945

1944（昭和19年）

2/2▶5　ルオット、クエゼリン島日本軍全滅

2/17▶18　米機動部隊、トラック島空襲

3/8　インパール作戦開始

3/30▶31　米機動部隊、パラオ島空襲

4/17　大陸打通作戦開始

1944.3.8（水）　インパール作戦開始

連合国側が中国支援に使った援蒋ルートの遮断を狙い、陸軍はインドに侵攻した。しかし、輸送用の牛などを食料にも転用する「ジンギスカン作戦」はすぐに破綻。補給途絶に加え、英軍の反撃も受け、日本軍の撤退路は死屍累々の「白骨街道」と呼ばれた。補給の軽視は太平洋戦争を通し、日本軍の一大欠陥だった。

1944年3月11日（土）＝毎日新聞

縦見出しは「中部緬印（ビルマ、インド）国境侵入の敵撃滅の火蓋」「チン丘陵地帯 英印軍を捕捉」。「敵・早くも大混乱」「一斉猛進撃」の文字も躍る。

1944.4.17（月）　大陸打通作戦開始

日本が米英との戦争に踏み切った理由の一つは、泥沼化した中国との戦争を打開することにあった。陸軍は蒋介石の国民党政府に最後の攻勢に出たが、戦果は不十分。大陸はあまりにも広大で、「点と線」を支配することしかできなかった。

1944 (昭和19年)

6/19▶20 マリアナ沖海戦

7/5 インパール作戦退却命令

1944年5月4日(木)＝毎日新聞

縦見出しは「北支に進攻作戦展開」「鄭州、許昌攻略」「黄河を渡り猛進撃」「敵反攻に先制痛撃」「要衝続々占領」。大本営発表の原稿に、従軍記者の原稿も付けられている。

1944.6.19(月) マリアナ沖海戦

開戦2年半余。人的資源においても、軍事技術においても、日米の差は明らかだった。翌20日まで、マリアナ諸島沖とパラオ諸島沖で日米両軍合わせて24隻の空母が激突し、日本機動部隊はほぼ全滅した。練度に劣る日本軍パイロットは米軍のレーダー網に早期に捕捉され、米艦に次々と撃ち落とされた。米軍はこの圧倒的な勝利を「マリアナの七面鳥撃ち」と呼んだ。

1944年6月21日(水)＝毎日新聞

横見出しは「太平洋今や重大段階」。縦見出しは「マリアナ付近出現の　大機動部隊を猛攻」「サイパンでも激闘中」「敵艦隊の大半を集中」。大本営発表にある「撃沈　戦艦一隻……」などの戦果は見出しに取られていない。

付録　ビジュアル年表　太平洋戦争　1941〜1945

1944（昭和19年）

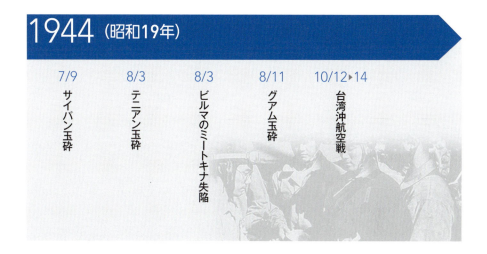

7/9　サイパン玉砕
8/3　テニアン玉砕
8/3　ビルマのミートキナ失陥
8/11　グアム玉砕
10/12▶14　台湾沖航空戦

1944.7.9（日）　サイパン玉砕

　1920年に日本の委任統治領となっていた南洋諸島。開戦時には既に多数の日本人居留民が暮らしていた。そのため、日米両軍の戦闘に巻き込まれ、多数の犠牲者が生じることになった。サイパンでは自決者が飛び降りた崖が「バンザイクリフ」「スーサイドクリフ」と呼ばれている。

1944年7月19日（水）＝毎日新聞

　横見出しは「サイパン全将兵、壮烈なる戦死」。縦見出しは「七日最後の突撃」「三千の傷兵自決」など。当時の情報局は7日で戦闘が終結したとして、「本土決戦」に向けて報道を誘導する方針を打ち出していた。大本営がサイパンの玉砕を発表したのはその11日後の18日。不利な戦況はもはや隠せないとして、国民に覚悟を促すことを狙った内容に変わった。

1944 (昭和19年)

10/23▶25 フィリピン（レイテ）沖海戦

10/25 フィリピン沖海戦で特攻攻撃開始

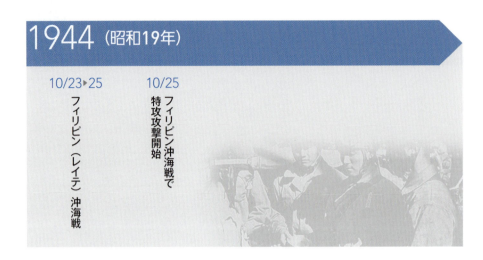

1944.10.23（月） フィリピン（レイテ）沖海戦

25日まで、フィリピン周辺の海域で米軍と海軍が激突。この最後の艦隊決戦で、日本の連合艦隊は事実上、壊滅した。日本軍は、正攻法での敵艦攻撃はもはや戦果が期待できないと、特攻作戦を採用。そのなかで、初出撃の神風特別攻撃隊が米軍の護衛空母1隻を撃沈した。体当たり攻撃は「統率の外道」とされながらも、日本軍の通常の戦術となっていく。

1944年10月29日（日）＝毎日新聞

縦見出しは「翼の軍神・敷島隊五将士」「愛機に爆装、体当たり」「敵艦もろ共轟炸（ともごうさく）」。海軍省の発表として神風特別攻撃隊敷島隊員5人の名前が掲載されている。

付録　ビジュアル年表　太平洋戦争　1941〜1945

1945 (昭和20年)

1/9 米軍、ルソン島へ上陸

2/19 米軍、硫黄島上陸

3/10 東京大空襲

1945.2.19(月)　米軍、硫黄島上陸

マリアナ諸島を発進する「超空の要塞(ようさい)」B29爆撃機による空襲で、日本は継戦能力を失いつつあった。米軍は日米の中間地点に飛行場を確保するため、硫黄島の攻略を目指した。洞窟陣地に籠もった日本軍は全滅し、本土空襲は激しさを増していく。

1945年2月21日(水)＝毎日新聞

横見出しは「敵遂(つい)に硫黄島に上陸」。縦見出しは「舟艇百隻を連ねて　南海岸から侵入す」など。

1945.3.10(土)　東京大空襲

民間人に恐怖を与え、戦意をくじくことは重要な戦略だった。米軍は命中精度の低い高高度精密爆撃から、夜間の低高度じゅうたん爆撃に転換。燃えやすい日本の家屋の特性を利用し、焼夷弾(しょうい)による帝都・東京の壊滅を図った。

1945 (昭和20年)

- 3/25 硫黄島玉砕
- 3/26 米軍、沖縄上陸
- 4/1 米軍、沖縄本島へ上陸開始
- 4/7 戦艦大和沈没
- 4/24 ルソン島山中の日本拠点バギオ陥落

1945年3月11日（日）＝毎日新聞

　見出しは「B29 百三十機、帝都夜襲」「市街地盲爆・火災朝迄(まで)に鎮火」「五十機に損害 撃墜十五機」など。

1945.3.26（月）　米軍、沖縄上陸 / 1945.4.7（土）　戦艦大和沈没

　「本土決戦」が近付きつつあった。沖縄は多数の県民が地上戦に巻き込まれ、「本土防衛の捨て石」にされたとも言われる。日本軍は特攻作戦をさらに強化。海軍の象徴だった戦艦大和は沖縄に向かう途中、4月7日に、敵艦に一発の砲弾も放つことなく、米軍の航空攻撃で沈められた。

1945年3月28日（水）＝毎日新聞

　横見出しは「南西諸島に敵上陸」。縦見出しは「二十五日一部兵力 慶良間列島へ」「機動部隊二十三日来 沖縄本島を砲爆撃」など。

付録　ビジュアル年表　太平洋戦争　1941〜1945

1945 (昭和20年)

5/3　英軍、ラングーン占領

6/23　沖縄戦終了

8/6　米、広島に原爆投下

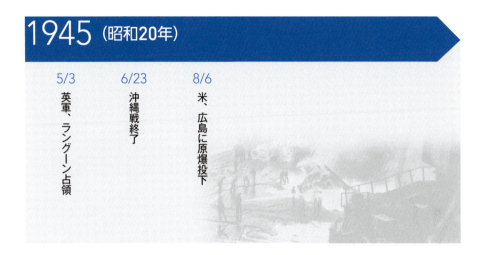

1945.8.6（月）　米、広島に原爆投下

　原子爆弾の開発をルーズベルト米大統領に進言したのはアインシュタインだった。このユダヤ系ドイツ人亡命科学者は、ナチスが先に原爆開発に成功し、第二次世界大戦に勝利することを恐れていたとされる。実際にドイツはもちろん、日本でも仁科芳雄、湯川秀樹両博士らが研究に取り組むなど、原爆開発の理論自体は確立されていた。ドイツは1945年5月に降伏し、原爆は抵抗を続けていた日本に投下された。

1945年8月8日（水）＝毎日新聞

　広島に原爆が投下されたことを伝える紙面。見出しは「B29、広島に新爆弾」「軽視許さぬ其(その)威力」「速やかに対策を樹立」など。毎日新聞広島支局は一瞬で姿を消し、1人生き残った記者は郊外に逃げ出すのが精いっぱいだった。原稿は翌7日の大本営発表をもとにしている。長崎原爆の投下時は長崎支局の3記者が生き残り、当日の取材内容を座談会形式の記事にまとめた。だが、軍部の検閲で原稿は約5分の1に削られたという。

1945 (昭和20年)

- 8/9 ソ連参戦
- 8/9 米、長崎に原爆投下
- 8/14 ポツダム宣言受諾
- 8/15 玉音放送

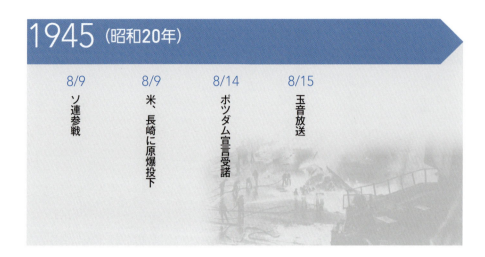

1945.8.9(木) ソ連参戦

独ソ戦でドイツが優勢だった1941年7月には、ソ連侵攻も計画していた日本。しかし、連合国軍との「本土決戦」が不可避とみられるなかで、そのソ連に和平の仲介役を頼んだ。日本のご都合主義は砕かれ、ソ連軍は国境を越え戦闘を開始。満州の日本人開拓団員らは戦火にさらされた。無敵と言われた関東軍の面影は無く、捕虜たちにはシベリア抑留の運命が待っていた。

1945年8月10日(金)＝毎日新聞

横見出しは「ソ連・帝国に宣戦 九日零時」。縦見出しは「満ソ国境二正面に 越境・攻撃を開始」など。

付録　ビジュアル年表　太平洋戦争　1941〜1945

1945 （昭和20年）

- 8/20　マニラで降伏文書受領
- 8/26　満州虎頭要塞で関東軍と在留邦人がほぼ全滅
- 9/2　ミズーリ艦上で降伏調印

1945.8.15（水）　玉音放送・ポツダム宣言受諾

　米英中が7月26日に発表した「ポツダム宣言」に対し、鈴木貫太郎を首班とする日本政府は「黙殺」との方針を示していた。しかし、ソ連参戦と2発の原爆投下が宣言受諾を方向付けた。徹底抗戦を叫ぶ陸軍の一部将校らが皇居を襲撃したが、15日未明までに鎮圧。昭和天皇の肉声を録音した「玉音盤」がラジオで放送され、国民に降伏が伝えられた。

1945年8月15日（水）＝毎日新聞

　天皇が国民に「ポツダム宣言受諾」を告げる詔書は14日夜遅く、首相官邸で発表された。東京の編集局は押し殺したような静けさの中、紙面化したと伝えられている。この15日付朝刊はラジオ放送の正午まで配達されなかった。大阪本社の16日付社会面には後に作家となる報道部の井上靖が「一億団結して己が職場を守り、皇国再建へ新発足すること、これが日本臣民の道である。われわれは今日も明日も筆をとる！」と覚悟を記している。

◇参考文献

第1章
「戦史叢書」防衛庁防衛研修所戦史室
「完結 昭和国勢総覧」東洋経済新報社
「餓死した英霊たち」藤原彰、青木書店
「失敗の本質―日本軍の組織論的研究」戸部良一ほか、中央公論社
「大本営参謀の情報戦記」堀栄三、文藝春秋
「大日本帝国の興亡」ジョン・トーランド、早川書房
「山本五十六」半藤一利、平凡社
「昭和の名将と愚将」半藤一利、文藝春秋
「レイテ戦記」大岡昇平、中央公論社
厚生労働省ホームページ など

第2章
「つらい真実 虚構の特攻隊神話」小沢郁郎、同成社
「戦史叢書 沖縄方面海軍作戦」防衛庁防衛研修所戦史室
「戦史叢書 大本営海軍部・連合艦隊」防衛庁防衛研修所戦史室
「戦史叢書 海軍軍戦備」防衛庁防衛研修所戦史室
「戦史叢書 海軍航空概史」防衛庁防衛研修所戦史室
「特攻」森本忠夫、光人社
「『特攻』と日本人」保阪正康、講談社
「本土決戦幻想 コロネット作戦編」保阪正康、毎日新聞社
「本土決戦幻想 オリンピック作戦編」保阪正康、毎日新聞社
「陸軍航空特別攻撃隊史」生田惇、ビジネス社
「陸軍特別攻撃隊」高木俊朗、文藝春秋
「ドキュメント神風 特攻作戦の全貌」デニス・ウォーナー、ペギー・ウォーナー、時事通信社
「あゝ神風特攻隊」安延多計夫、光人社
「神風特別攻撃隊の記録」猪口力平、中島正、雪華社
「零戦」堀越二郎、奥宮正武、PHP研究所
「零戦の秘術」加藤寛一郎、講談社
「世界の艦船」海人社
「最強 世界の戦闘艦艇図鑑」坂本明、学研パブリッシング
「特攻とは何か」森史朗、文藝春秋
「日本海軍史」海軍歴史保存会、第一法規出版
「ニミッツの太平洋海戦史」C・W・ニミッツ、E・B・ポッター、恒文社
「戦藻録」宇垣纏、原書房
「大日本帝国の興亡」ジョン・トーランド、早川書房 など

第3章
「戦時経済体制の構想と展開 日本陸海軍の経済史的分析」荒川憲一、岩波書店
「資源の戦争『大東亜共栄圏』の人流・物流」倉沢愛子、岩波書店
「魔性の歴史 マクロ経営学からみた太平洋戦争」森本忠夫、光人社
「日本の近代6 戦争・占領・講和」五百旗頭真、中央公論新社
「米国の日本占領政策」五百旗頭真、中央公論社
「現代史資料44 国家総動員2」今井清一、伊藤隆編、みすず書房
「『帝国』日本の学知2『帝国』の経済学」杉山伸也、岩波書店
「持たざる国への道 あの戦争と大日本帝国の破綻」松元崇、中央公論新社
「臨時軍事費特別会計 帝国日本を破滅させた魔性の制度」鈴木晟、講談社
「対日占領政策の形成 アメリカ国務省1940-44」森田英之、葦書房
「未完の占領政策」油井大三郎、東京大学出版会
「学問と思想と人間と」有沢広巳、毎日新聞社
「海上護衛戦」大井篤、学習研究社
「日本人はなぜ戦争をしたか 昭和16年夏の敗戦」猪瀬直樹、小学館
「大日本帝国の興亡」ジョン・トーランド、早川書房
「愚行の世界史」バーバラ・タックマン、中央公論新社
「第二次世界大戦」ウィンストン・チャーチル、河出書房新社
「杉山メモ」参謀本部編、原書房
「日本戦争経済の崩壊」アメリカ合衆国戦略爆撃調査団、日本評論社
「戦史叢書 海軍軍戦備」防衛庁防衛研修所戦史室
「戦史叢書 大本営海軍部 大東亜戦争開戦経緯」防衛庁防衛研修所戦史室
「戦史叢書 陸軍軍戦備」防衛庁防衛研修所戦史室
「戦史叢書 陸軍軍需動員」防衛庁防衛研修所戦史室
「戦史叢書 大本営陸軍部 大東亜戦争開戦経緯」防衛庁防衛研修所戦史室
「税関百年史」大蔵省関税局、日本関税協会
「昭和財政史」大蔵省財政史室、東洋経済新報社

「大蔵省百年史」大蔵省百年史編集室、大蔵財務協会
「敗戦の記録」参謀本部所蔵、原書房
「完結 昭和国勢総覧」東洋経済新報社編
「数字でみる日本の100年」矢野恒太記念会、矢野恒太記念会
「世界経済の成長史1820〜1992年」アンガス・マディソン、東洋経済新報社　など

第4章

「戦下のレシピ」斎藤美奈子、岩波書店
「理想だらけの戦時下日本」井上寿一、筑摩書房
「暮らしの中の太平洋戦争」山中恒、岩波書店
「国防婦人会」藤井忠俊、岩波書店
「ジャガイモのきた道」山本紀夫、岩波書店
「疎開学童の日記」中根美宝子、中央公論社
「子どもたちの8月15日」岩波新書編集部、岩波書店
「神国日本のトンデモ決戦生活」早川タダノリ、筑摩書房
「学歴・階級・軍隊」髙田里惠子、中央公論新社
「日本の軍隊」吉田裕、岩波書店
「皇軍兵士の日常生活」一ノ瀬俊也、講談社
「治安維持法」中澤俊輔、中央公論新社
「昭和二十年 第一部（9）国力の現状と民心の動向」鳥居民、草思社
「昭和文化 1925〜1945」南博＋社会心理研究所、勁草書房
「日本労働年鑑」法政大学大原社会問題研究所、旬報社
「植民地 帝国50年の興亡」マーク・ピーティー、読売新聞社
「資源の戦争『大東亜共栄圏』の人流・物流」倉沢愛子、岩波書店
「アメリカひじき・火垂るの墓」野坂昭如、新潮社
「摘録 断腸亭日乗（下）」永井荷風、岩波書店
「ドナルド・キーン著作集」ドナルド・キーン、新潮社
第5巻所収「日本人の戦争 作家の日記を読む」
第5巻所収「昨日の戦地から 米軍日本語将校が見た終戦直後のアジア」
第7巻所収「日本人の美意識」
「資料日本現代史 大政翼賛会」赤沢史朗、北河賢三、由井正臣編、大月書店
「資料日本現代史 太平洋戦争下の国民生活」赤沢史朗、北河賢三、由井正臣編、大月書店
「現代史資料 国家総動員」今井清一、伊藤隆編、みすず書房
「東條秘書官機密日誌」赤松貞雄、文藝春秋
「戦史叢書」防衛庁防衛研修所戦史室
「完結 昭和国勢総覧」東洋経済新報社編　など

第5章

「日米全調査 戦艦大和」吉田満、原勝洋、三修社
「真相・戦艦大和ノ最期」原勝洋、ベストセラーズ
「戦艦大和・武蔵 そのメカニズムと戦闘記録」秋元健治、現代書館
「日本戦艦戦史」木俣滋郎、図書出版社
「日本海軍史」海軍歴史保存会、第一法規出版
「世界の戦艦プロファイル」ネイビーヤード編集部編、大日本絵画
「世界の艦船 イギリス戦艦史」海人社
「世界の艦船 イタリア戦艦史」海人社
「世界の艦船 ドイツ戦艦史」海人社
「世界の艦船 アメリカ戦艦史」海人社
「徹底図解 戦艦大和のしくみ」矢吹明紀、南波健二郎、市ヶ谷ハジメ、新星出版社
「戦艦大和ノ最期」吉田満、講談社
「戦艦武蔵」吉村昭、新潮社
「ニミッツの太平洋海戦史」C・W・ニミッツ、E・B・ポッター、恒文社
「第二次世界大戦」ウィンストン・チャーチル、河出書房新社
「戦藻録」宇垣纏、原書房
「海上護衛戦」大井篤、学習研究社
「大本営参謀の情報戦記」堀栄三、文藝春秋
「失敗の本質—日本軍の組織論的研究」戸部良一ほか、中央公論社
「山本五十六」半藤一利、平凡社
「大日本帝国の興亡」ジョン・トーランド、早川書房
「ドイツ海軍戦記」C・D・ベッカー、図書出版社
「戦史叢書 海軍軍備」防衛庁防衛研修所戦史室
「戦史叢書 大本営海軍部・大東亜戦争開戦経緯」防衛庁防衛研修所戦史室
「戦史叢書 大本営海軍部・連合艦隊」防衛庁防衛研修所戦史室
「戦史叢書 海軍捷号作戦」防衛庁防衛研修所戦史室
「戦史叢書 沖縄方面海軍作戦」防衛庁防衛研修所戦史室
「大蔵省百年史」大蔵省百年史編集室、大蔵財務協会
「完結 昭和国勢総覧」東洋経済新報社編
「日本文明とは何か パクス・ヤポニカの可能性」山折哲雄、角川書店　など

第6章

- 「戦史叢書 大本営陸軍部」防衛庁防衛研修所戦史室
- 「戦史叢書 捷号陸軍作戦」防衛庁防衛研修所戦史室
- 「戦史叢書 沖縄方面陸軍作戦」防衛庁防衛研修所戦史室
- 「戦史叢書 沖縄方面海軍作戦」防衛庁防衛研修所戦史室
- 「戦史叢書 本土決戦準備」防衛庁防衛研修所戦史室
- 「戦史叢書 本土防空作戦」防衛庁防衛研修所戦史室
- 「戦史叢書 大本営海軍部・連合艦隊」防衛庁防衛研修所戦史室
- 「戦史叢書 本土方面海軍作戦」防衛庁防衛研修所戦史室
- 「戦史叢書 陸軍軍戦備」防衛庁防衛研修所戦史室
- 「戦史叢書 海上護衛戦」防衛庁防衛研修所戦史室
- 「太平洋戦争陸戦概史」林三郎、岩波書店
- 「本土決戦幻想 コロネット作戦編」保阪正康、毎日新聞社
- 「本土決戦幻想 オリンピック作戦編」保阪正康、毎日新聞社
- 「昭和陸軍の研究」保阪正康、朝日新聞社
- 「海上護衛戦」大井篤、学習研究社
- 「日本本土決戦 知られざる国民義勇戦闘隊の全貌」藤田昌雄、潮書房光人社
- 「幻ではなかった本土決戦」歴史教育者協議会、高文研
- 「歴史と視点 私の雑記帖」司馬遼太郎、新潮社
- 「総史沖縄戦」大田昌秀、岩波書店
- 「図説 沖縄の戦い」森山康平、河出書房新社
- 「最後の100日」ジョン・トーランド、早川書房
- 「ヒトラー最後の戦闘」コーネリアス・ライアン、早川書房
- 「大きな地図で読み解く太平洋戦争のすべて」宝島社
- 「日本国の『失敗の本質』」中央公論新社 など

第7章

- 「資源の戦争『大東亜共栄圏』の人流・物流」倉沢愛子、岩波書店
- 「『大東亜共栄圏』経済史研究」山本有造、名古屋大学出版会
- 「日本軍政下のアジア」小林英夫、岩波書店
- 「日本の侵略と膨張」吉岡吉典、新日本出版社
- 「キーワード日本の戦争犯罪」小田部雄次、林博史、山田朗、雄山閣出版
- 「日本の軍隊」吉田裕、岩波書店
- 「学歴・階級・軍隊」高田里恵子、中央公論新社
- 「地域のなかの軍隊7 帝国支配の最前線：植民地」坂本悠一、吉川弘文館
- 「皇軍兵士の日常生活」一ノ瀬俊也、講談社
- 「戦争における『人殺し』の心理学」デーヴ・グロスマン、筑摩書房
- 「『大日本帝国』崩壊 東アジアの1945年」加藤聖文、中央公論新社
- 「廃墟の零年1945」イアン・ブルマ、白水社
- 「植民地 帝国50年の興亡」マーク・ピーティー、読売新聞社
- 「東條秘書官機密日誌」赤松貞雄、文藝春秋
- 「革命家チャンドラ・ボース」稲垣武、新潮社
- 「『大日本帝国』の研究」フォーチュン編集部、現代史出版会
- 「第二次世界大戦1939-45」アントニー・ビーヴァー、白水社
- 「大日本帝国の興亡」ジョン・トーランド、早川書店
- 「事典 昭和戦前期の日本 制度と実態」百瀬孝、吉川弘文館
- 「日本の戦争 図解とデータ」桑田悦、前原透、原書房
- 「日本陸軍将官総覧」太平洋戦争研究会、PHP研究所
- 「日本陸軍指揮官総覧」新人物往来社、新人物往来社
- 「戦史叢書 大本営陸軍部 大東亜戦争開戦経緯」
- 「戦史叢書 陸軍軍戦備」
- 「戦史叢書 捷号陸軍作戦」防衛庁防衛研修所戦史部 など

付録：ビジュアル年表

- 「戦史叢書」防衛庁防衛研修所戦史室
- 「太平洋戦争」児島襄、中央公論新社
- 「『毎日』の3世紀 新聞が見つめた激流130年」毎日新聞社
- 「日本史年表・地図」児玉幸多、吉川弘文館
- 「角川日本史辞典」角川書店
- 「日本外交史」鹿島研究所出版会
- 「第二次世界大戦歴史地図」ジョン・キーガン編、原書房

後書き

　本書の元になった、デジタル毎日の戦後70年企画「数字は証言する〜データで見る太平洋戦争〜」では、ネットメディアの特性である双方向性が効果的に発揮された。フェイスブック、ツイッターなどのSNS（ソーシャル・ネットワーク・サービス）で多種多様な発言に接することは、企画を進めていくうえでの参考となった。
　「日本のブラック企業的な体質は現在につながっている」との書き込みの多さが印象に残っている。指導者たちの無能さ、無責任さに対する批判の声に、企画の方向性は間違っていなかったとの思いを深めた。
　もちろん、「反日的」「英霊を侮辱している」などの声も頂戴した。ただ、そうした書き込みに反論するような書き込みが数多く寄せられたことは、いまも大きな励みとなっている。

　1945年8月15日をもって、戦後という新しい時代が始まったわけではない。国民健康保険制度、源泉徴収制度などは国家総動員のため、太平洋戦争の開戦前には既に導入されていた。戦後に首相となった岸信介は満州国の高級官僚時代、自身が理想とする国家制度を満州という「王道楽土」で実験したとされる。
　今年の流行語になるであろう「忖度」など、精神面における戦前・戦中との連続性を証明する最たるものではないか。昭和天皇の「海軍にはもう、艦はないのか」との一言を受け、軍令部は戦艦大和の特攻を強行したという。70年以上が過ぎても、かつてと今の近似例は枚挙にいとまがない。

　本書の執筆にあたり、お世話になった方々にお礼を申し上げたい。
　ネット限定にもかかわらず、インタビューを快諾してくれた7氏は「言葉」の強さを与えてくれた。
　この企画は毎日新聞編集編成局デジタル報道センターの同僚たちのサポートがあってこそ実現した連載だった。高島信雄センター長は1年以上にわたる取材を認めてくれた。荒木功編集委員からは経済記者の視点で、貴重なアドバイスをもらった。

デジタルメディア局デジタル編集センターでは特に高添博之、平野啓輔の両氏に尽力してもらった。パララックスというネットならではの手法は企画に命を吹き込んだ。
　そして、毎日新聞出版図書第二編集部の名古屋剛氏。氏の着眼、助力がなければ本書が世に出ることはなかった。

　白河の関を越え、13年ぶりに東北に赴任した。
　1930〜34年の徴兵検査で、体格最優秀の甲種合格者の割合は全国平均が28・7％。これに対し、東北6県は31・0％と上回る。飢饉があれば身売りが起きる。安価な外米輸入にさらされる。一山百文と蔑まれながら、東北は健兵健民を供出する「産地」でもあった。
　山形では歩兵32連隊が満州、サイパン、沖縄と激戦地を転戦し、水漬く屍、草むす屍となった。県内の酒田は満州事変（1931年）の首謀者、石原莞爾の故郷でもある。
　この地で太平洋戦争に関する連載が書籍化される夏を迎え、共時性を感じている。

2017年6月15日
「共謀罪」法の可決の日に